TZIMTZUM: O EXÍLIO FORÇADO DE UMA DIVINDADE

REVELAÇÕES ANTIGAS DA CABALA

JAN VAL ELLAM

Editor: Rodrigo de Paula Pessoa Freitas
Diagramação: Krysamon Cavalcante
Capa: Luciana Lebel
Revisão: Maria Helena Kummer
Conectar Editora, Distribuidora e Livraria Ltda.

```
Dados Internacionais de Catalogação na Publicação (CIP)
        (Câmara Brasileira do Livro, SP, Brasil)

     Ellam, Jan Val
        Tzimtzum : o exílio forçado de um divindade :
     revelações antigas da cabala / Jan Val Ellam. --
     1. ed. -- Natal, RN : Conectar Editora, 2020.

        ISBN 978-65-86157-08-6

        1. Cabala 2. Esoterismo 3. Mitologia 4. Metafísica
     (Parapsicologia) 5. Ocultismo I. Título.

  20-42385                                      CDD-135.4
```

Índices para catálogo sistemático:

1. Cabala : Ocultismo   135.4

Maria Alice Ferreira - Bibliotecária - CRB-8/7964

ISBN Papel: 978-65-86157-08-6

ISBN Digital: 978-65-86157-09-3

1ª Edição - Natal - RN/2020

SUMÁRIO

INTRODUÇÃO

O presente livro pretende demonstrar que Javé, há muito tempo, tenta explicar e entender a sua "situação" por meio da troca de informações com os humanos. Para tanto, ele "escolheu" alguns povos e emissários para promoverem as revelações dos seus "desígnios".

O povo ariano – que mais tarde fecundaria a sua cultura entre os hindus –, os hebreus e, depois, os povos árabes, são os exemplos mais sintomáticos desse processo. (Ver, em anexo, *"A Linhagem dos Patriarcas Hebreus"*).

Parte da história que ele tanto se esforça por reproduzir, ele a conhece. A outra, nem ele nem seus Anjos demonstram saber. E por causa do "impasse" surgido entre o Criador e seus descendentes gerados de "primeira hora", esses se viram obrigados a engendrar outras espécies de seres que fossem se libertando dos "ditames doentios" do "Código-fonte Gerador de Vida" do Criador, para que estas pudessem "perceber" e "decodificar" o que nem eles mesmos conseguiam, devido ao estranhíssimo – para os parâmetros terrenos – padrão psíquico de suas personalidades, que os impediam de tal deduzirem, por força do condicionamento imposto pela "doença universal".

Foram, então, criando diversas espécies a partir do "Código-fonte Gerador de Vida" modificado do Criador, até que, entre essas, pudesse surgir a arquitetura de um psiquismo com senso crítico e razão filosófica despertos, e em níveis que permitissem que estas "criaturas-ferramentas" – assim caracterizados todos os seres que despontaram a partir do "Código de Vida" do Criador – descortinassem a real situação tanto da Criação quanto do Criador.

Como "produto final" deste processo que se alonga pelas páginas da História Universal dos mais de 13 bilhões de anos, foi produzida – em meio a embates ainda por serem convenientemente vislumbrados pelo nosso modo de pensar – a espécie humana (*Homo sapiens sapiens*), no seu padrão terrestre. Assim ressalto porque há outros "padrões" de humanos, mas com senso crítico e razão filosófica menos despertos.

Mesmo que nos possa parecer "loucura" ou desvario, parece ter sido exatamente por meio do senso crítico terráqueo, "adoçado" pela razão filosófica desperta para a amorosidade que nos caracteriza – apesar dos maus pendores ainda presentes em muitos dos membros da espécie –, que surgiu a "condição sonhada pela conspiração amorosa" em torno do Criador, para o descortinamento dos fatos e a elaboração das estratégias possíveis de melhoramento coletivo.

Sob essa perspectiva, a "razão filosófica desperta" seria o fator que equilibraria o inevitável "assombro" provocado pelo senso crítico daqueles que foram criados para fazerem, pelas Divindades "combalidas", o que elas se tornaram incompetentes em realizar: a compreensão e a arquitetura do "processo de redenção" de todos os envolvidos, ou seja, Criadores e criaturas.

Seguindo essa linha de raciocínio, os postulados da Física Quântica apontam que somos todos "Cocriadores" da realidade que nos cerca. Tempo virá em que essa percepção será alargada a um ponto que poderemos compreender que, paradoxalmente, por "menor e miserável" que seja a condição humana, a sua função nesse processo é de uma singularidade tal que coloca os seres terráqueos como "pedras angulares de uma construção de âmbito universal, que ainda está por vir".

Nós, os humanos da Terra, somos apenas mais uma espécie biológica produzida para este fim, com todos os riscos que um processo dessa categoria impõe. Aqui, pouco importa ou mesmo nada importa o que se acredita ou se deixa de acreditar. **Vale o esforço intelectual da compreensão, alicerçado na atitude íntima de compaixão e de amor ousado e incondicional por tudo e por todos, mas sem veneração e subserviência estéril, que atenta contra a emancipação do indivíduo.**

Isso porque o conjunto das opiniões pessoais e dos apegos ao que se pensa ser a "Verdade" é o que mais limita a condição humana. Como alertou Sidarta Gautama, o Buda, "cada homem é sua própria prisão". Afinal, ainda de acordo com o budismo, todos os eventos são precedidos, guiados e criados pela mente. Assim, tudo o que cada um é atualmente, nada mais significa do que o resultado do que tem pensado.

Este livro se enquadra no esforço de algo produzir para fazer valer a estratégia do esclarecimento e da emancipação humanas, que servirá como "ponte" para a facilitação da compreensão de outros irmãos e irmãs desta "aventura cósmica", inclusive dos Seres Divinos que nela se encontram "caído" (Prabrajna) e "mergulhados" (Mavatna e Savna) por força dos "problemas de um pretérito extrauniversal", ainda por ser descortinado.

Jan Val Ellam

ANTIGA REVELAÇÃO DO "SEPHER HA-ZOHAR"

"Quando os tempos do Juízo Final estiverem chegados, aparecerá um mensageiro cuja proclamação será ouvida nos 270 mundos da Criação."

— (VAYEHI 21, 8B-9A)

Como essa profecia, registrada no ***"Sepher ha-Zohar"***[1] (***"O Livro do Esplendor"***), poderá ser compreendida no futuro?

O Senhor Javé foi quem ordenou a seus Anjos que informassem ao rabino Shimon Bar Yochai, em meados do século II da Era Cristã, o vaticínio acima referido.

Javé é o mesmo "Personagem" que, antes de ser assim conhecido, ao abandonar Faleg (filho de Heber, da "linhagem sagrada" de Sem, que é filho de Noé) para "eleger" Gomer (filho de Jafé, que é outro filho de Noé, mas não da linhagem definida anteriormente como a "escolhida"), também passou à posteridade como "Senhor Brahma" – assim denominado pelos descendentes arianos de Gomer.

QUE "270 MUNDOS" SÃO ESSES?

Bem antes da organização dos livros que, na atualidade, compõem as tradições do judaísmo, outros bem mais antigos apontaram a existência de um "conflito épico", ocorrido em tempos ainda bem mais remotos, que foi descrito nas páginas das tradições védicas-arianas, absorvidas depois pelo hinduísmo, mais especificamente no *"Mahabharata"*.

Logo no seu primeiro capítulo, é afirmado que:

"Vyasa realizou a compilação do Bharata, exclusiva dos episódios originalmente em vinte e quatro mil versos; e tanto somente é chamado pelos eruditos como o Bharata. Depois ele compôs um epítome em cento e cinquenta versos, consistindo na introdução com o capítulo de conteúdos. Esse ele ensinou primeiro ao seu filho Suka; e depois ele o comunicou a outros dos seus discípulos que possuíam as mesmas qualificações. Depois ele realizou outra compilação, consistindo em seis milhões de versos. Desses, três milhões são conhecidos no mundo dos Devas, um milhão e quinhentos mil no mundo dos Pitris, um milhão e quatrocentos mil entre os Gandharvas, e cem mil nas regiões da humanidade. Narada recitou-os aos Devas, Devala aos Pitris, e Suka os difundiu para os Gandharvas, Yakshas, e Rakshasas, e neste mundo eles foram recitados por Vaisampayana, um dos 17 discípulos de Vyasa, um homem de princípios justos e o principal entre todos aqueles familiarizados com os Vedas. Saibam que eu, Sauti, também tenho repetido cem mil versos."

Ou seja, na época em que *Vyasa* viveu e promoveu a produção do épico *"Mahabharata"*, existiam muitos "mundos" ou "moradas" (*lokas*, em sânscrito), situadas no *Brahmaloka* (que é o "universo de Brahma"), paralelo e vizinho ao *Bhuloka* (universo biológico), em que vivemos.

Existia o intercâmbio entre as várias classes de seres que

nelas viviam, e estas interagiam com os humanos ancestrais, como também se imiscuíam nos eventos das suas vidas e no que mais se passava na Terra, como foi o caso dessa "batalha" que envolveu diversas espécies existenciais e cujos fatos e consequências convergiram para este palco planetário.

Devido à necessidade, *Vyasa* teve que compor várias versões distintas desse "conflito épico", passíveis de serem compreendidas pela lógica algo limitada de muitas espécies dessas "moradas" ou "mundos".

Naquele tempo, os portais entre as "moradas" e entre os dois universos estavam abertos, aspectos que produziram um contexto de vida bem mais diverso do que o que agora vivenciamos. Desde o ano 2012, esses portais naturais se fecharam totalmente, ao completarem seu ciclo.

Ao longo desses muitos milênios em que os portais estiveram abertos, esses seres foram absorvendo a cultura humana em suas muitas faces e, atualmente, em não podendo mais interagir conosco, necessitam, contudo, continuar sendo informados do grande e enigmático processo que responde pelo destino desta Criação Universal, composta por esses dois universos.

Por causa das muitas confusões e conflitos ocorridos, Brahma/Javé decretou o "Juízo Final", e este tema é considerado como o mais importante de todos os "conceitos-chaves" pendentes de solução, o qual, na cultura cristã, ficou relacionado ao "retorno de Jesus".

Os livros da "Revelação Cósmica" estão sendo produzidos exatamente para chamar a atenção dos "270 mundos" ("moradas" ou "*lokas*") diretamente envolvidos com os problemas mal resolvidos do passado imemorial.

Na verdade, se juntarmos essas "moradas" do universo paralelo – capazes de entenderem minimamente o que está sendo resgatado desse passado antes oculto para o entendimento humano – com as civilizações deste universo biológico que também acompanham e aguardam o momento da "Reintegração Cósmica da Terra", a quantidade de "mundos" que têm acompanhado os temas colecionados pelos estudos estratégicos dos institutos vinculados a estes livros que produzo, é muito, mais muito superior ao apontado pelo *"Sepher ha-Zohar"*.

POR QUE O "MENSAGEIRO" FOI ANUNCIADO?

Nas intrigas da época, o que se encontrava e ainda se encontra em "jogo" é o domínio sobre o planeta Terra, objetivo maior de Javé e de outros que o confrontavam. Nesse contexto, o seu "desígnio" apontava para a construção de um outro "pacto" entre ele e o "escriba inicial" da "Revelação Cósmica", para que este o ratificasse como "Deus Todo-Poderoso", "Criador dos Céus e da Terra", conforme registrado nas escrituras do judaísmo. Contudo, pela primeira vez, uma criatura humana se recusou a ser submissa à vontade deste Ser, e o "pacto" não foi firmado, ainda que não se negue o reconhecimento do fato de que ele é efetivamente o "caído" Criador da Realidade na qual vivemos. Javé nunca tinha recebido uma recusa, e isso o levou a se revelar e a tentar impressionar o "escolhido da vez", mas suas estratégias não lograram resultado.

Nos livros produzidos por este "aflito escrevente", portanto, tenho apresentado a leitura que pude e posso fazer deste Ser que, efetivamente, por paradoxal que possa parecer, conforme descrito no mito ariano/hindu do *"Brahmananda"*, é o Criador destes dois universos saídos do *"anda"* (*"anda"*, em sânscrito, significa "Ovo Cósmico") de Brahma/Javé, ou seja, do "Ovo" do Ser Criador que "caiu" na própria Obra, mas que não corresponde a Deus: é tão somente um "Arquiteto Sideral" com "problemas", os quais "infectaram" a sua Criação!

Por não ter havido "pacto" de nenhum tipo, o "mensageiro" terminou transmitindo para "mundos" ou realidades desse universo paralelo antimaterial, como também para civilizações deste universo material, o que Javé não esperava nem muito menos desejava: a sua real situação, descortinada pelo olhar observador de um terráqueo!

O "preço pago" – ou seja, as consequências dessa minha recusa em firmar um "pacto" com o Criador, submetendo-me aos seus desígnios – foi e está sendo "muito alto", porque todas as ameaças feitas para me deixarem de joelhos, submetido perante o "todo-poderoso", foram efetivamente impressas sobre o que restava da minha sensibilidade, o que tão somente me comprovou o "atraso espiritual" desses Seres, notadamente o do próprio Criador!

Óbvio que notícias desse tipo de posicionamento não agradam a judeus, católicos, protestantes, ortodoxos e, muito menos, aos islâmicos, mas tiveram e têm que ser dadas em benefício desse próprio Ser que necessita do apoio de todas as suas criaturas para que a sua Criação possa chegar a "bom termo", apesar de todos os problemas que a caracterizam.

O Criador precisa de ajuda, e esta somente virá se as criaturas que foram edificadas a partir do seu "Código-fonte Definidor Pessoal" – o qual, no contexto terrestre da vida biológica chamamos de "DNA"[2] – puderem compreender o seu "drama" e o perdoarem.

Talvez, por isso Jesus pediu tanto que esse Ser fosse amado pelas suas criaturas terráqueas, independente e acima de qualquer circunstância.

Quando gerações futuras da humanidade se tornarem "adultas", esse "drama" será melhor compreendido.

1

REGISTROS ANTIGOS DA "QUEDA" DE UMA DIVINDADE

A VISÃO do rabino Isaac Luria[1], sobre o seu entendimento da Cabala, produziu o conceito – por ele criado – do *"Tzimtzum"*, que significa uma espécie de "**exílio de deus dentro dele mesmo**".

Outro modo de abordar o tema é perceber, nesse *"Tzimtzum"*, no mínimo, um evento estranho, em que uma determinada "Faixa de Realidade imprópria e corrompida" foi indevidamente gerada, e esta terminou por "aprisionar" a Mente da qual foi emanada, conforme afirmam outras mitologias bem anteriores à elaboração da Cabala.

Por mais que esse aspecto tenha sido deixado de lado ao longo da evolução das páginas da História Humana e por mais que seja difícil de se acreditar nele, todas as principais mitologias da Antiguidade, como a ariana/hindu, a grega, a egípcia, dentre muitas outras, afirmam exatamente a mesma temática: a de que **um Ser que se pretendeu Criador de Realidades, sucumbiu junto com a sua Expressão Mental**, ou seja, **acabou "tragado" pelo que, da sua Mente, foi expelido como sendo uma "Massa de Moldar Realidade".**

Desse modo, não deveria ser estranha a visão do rabino

Isaac Luria sobre o tal **"exílio de deus dentro dele mesmo"**, pois esta frase corresponde exatamente ao conceito da **"queda de um deus no âmbito da sua Criação"**. Contudo, essa percepção ficou como sendo um postulado no mínimo enigmático, e esse aspecto jamais foi comentado abertamente pelos cabalistas. O primeiro conceito, de um **"exílio forçado"**, é tão somente a tentativa compreensível de transformar uma "queda" num "passo de dança"!

A maioria das mitologias sempre se referiu ao contexto de três "deuses" que, como nos relata em detalhe a mitologia hindu, disputaram, desde o início dos tempos, quem dentre eles gerou a Criação e quem comandava a mesma.

Iª Constatação:
O judaísmo apenas escolheu um dos três "deuses" do então famoso, porém modernamente esquecido "Triunvirato Universal", como sendo o "vencedor" da antiga disputa em torno da Autoria da Criação e da sua Governança.
Dizendo de modo diferente, um dos tais três "deuses" escolheu o antigo povo hebreu para ser o seu "instrumento de dominação" dos demais humanos, o que resultou na crença dos seus descendentes judeus de serem o "povo escolhido por deus".

Como se contrapondo a esse contexto, um pouco antes da Cabala ser elaborada, surgiria um compêndio de informações que passou a ser conhecido como **"gnosticismo"**, que **classifica o tal Criador como um Ser "para lá de doente", deixando em dúvida a sua qualificação para se pretender Criador ou mesmo "deus".**

Seja qual for a ênfase ou a abordagem que se dê aos fatos da época de Jesus – que serão tratados ao longo deste livro –, as teses gnósticas primitivas sempre parecerão "generosas" para com o Criador "problemático" em relação ao que dele veio se falar, mais tarde, no seio do próprio movimento, esmagado ao tempo da transição do cristianismo para o catolicismo, no século IV.

Na verdade, sou obrigado a pensar que tudo o que até o momento foi enquadrado como sendo "gnóstico", é realmente muito pouco a respeito do contexto que permanece oculto e profundamente radicalizado, para abordar o "problema multifacetado", gerado por um Criador "corrompido" nas suas potencialidades e ideais.

Por motivos diversos, os estudos da Cabala sobre a natureza dessa Divindade apontam que **os próprios cabalistas preferem se referir ao Criador como sendo "Ein Sof"**, aquele que veio antes de tudo, ou seja, que precede a Criação. Contudo, será que, efetivamente, a antecede, ou aqui não haveria somente um entendimento de que a Criação, aventada pela Cabala, mais se parece com o que o Criador já "decaído" começou a realizar, então como "refém" do que ele próprio planejara?

Para muitos cabalistas, o *"Sepher ha-Zohar"* representa a sua obra mais profunda sobre a Cabala. Observe o(a) leitor(a) o que diz o *"Zohar"* sobre **Ein Sof**:

"Antes de dar qualquer formato ao mundo, antes de produzir qualquer forma, Ele estava só, sem forma e sem semelhança com qualquer outra coisa. Quem então pode compreender como Ele era antes da criação? Por isso é proibido emprestar-lhe qualquer forma ou similitude, ou mesmo chamá-lo pelo seu nome sagrado, ou indicá-lo por uma simples letra ou ponto...

Mas, depois que ele criou a forma do Homem Celestial, ele a usou como um veículo por onde descer, e ele deseja ser chamado por sua forma, que é o nome sagrado YHVH."

Como podemos compreender essas informações acima à luz do que temos revelado nos livros sobre Javé e a sua "queda"?

Os rabinos enalteceram essa "descida" como sendo algo "majestoso, benfazejo e mesmo amoroso". Todavia, convenhamos, talvez aqui esteja tão somente registrado o velho aspecto emblemático, presente nas religiões impositivas, de transformar a "queda" de um Ente importante numa "Majestosa Manifestação", até porque, "enfraquecer ou desmerecer" àquele a quem se pretende tratar como "deus", não é o caminho lógico para a "afetada" razão humana, cuja carência parece somente se preencher pela ilusão de que "está sendo cuidada por um deus".

Assim, torna-se impensável e inaceitável que o **"meu deus" consista em um Ente "caído em desgraça", que sua forma, assumida nessa "queda", esteja "adoentada" e que a sua Criação seja "problemática ou defeituosa"**. Porém, este é o mais doloroso aspecto da verdade com o qual fui obrigado a me defrontar.

O judaísmo, o islamismo, o catolicismo e o protestantismo convivem com esse problema angustiante desde as suas origens, e o fato é que todas se empenharam em tornar aceitável o conjunto dos "inquietantes" registros antigos, que nem mesmo o próprio Javé, quando do contato com rabinos e profetas, procurou ou pôde disfarçar. Contudo, para esses "adoradores", sendo impensável que o "seu deus" poderia não ser tão "deífico" assim, trataram de ajustar, por meio das interpretações, o que lhes parecia inaceitável, apesar da obviedade dos registros ancestrais.

Foi desse modo que a "realidade impensável" de um Ente não humano, inaceitável para as suas sensibilidades, transformou-se em "maravilhosa", pois **os adoradores de "YHVH" procuraram, por todos os meios, engrandecê-lo, tornando digno o que era e é, na verdade, esquisito e difícil de ser compreendido.**

A transmutação de *"AHYH"* (que era um "Puro Ser" antes do *"Tzimtzum"*) em *"YHVH"* (o seu "veículo de existência" no âmago da sua própria Obra) indica o quê? Que o Ser Criador era de um jeito antes, com um padrão de personalidade *"AHYH"*, e após gerar a Criação, nela foi obrigado a se "exilar", "reconstruindo" uma nova forma para o seu novo padrão psíquico *"YHVH"*, que o habilitasse a operar no âmbito interno da mesma.

O próprio "conceito engrandecedor" que os cabalistas empregam em *"YHVH"*, o *"Tetragrammaton"* ou *"Tetagrama"*, apresenta fragilidades argumentativas. Eles definem *"Tetragrammaton"* como sendo a **pulsação contínua (Y) da energia cósmica (H) evolutiva (V) no universo criado (H)**. Nesse processo permanente – pois que jamais cessa – da transformação da energia em matéria e vice-versa, que ocorre bilhões e bilhões de vezes a cada segundo, encontra-se ancorada a essência desses ensinamentos cabalísticos.

O impressionante é que os cabalistas não aceitam que foi uma "queda", ainda que reconheçam a transformação constante de um "deus", agora "exilado" e "refém" da sua própria Obra e dos seres que nela habitam.

Se tal fosse admitido, o "deus" no qual acreditam, perderia prestígio conceitual, o que não faz bem ao orgulho nacional nem muito menos pessoal. É preciso, então, mesmo contra as evidências, sempre e sempre engrandecê-lo e também louvá-lo como sendo o "máximo", o "todo-poderoso", dentre outros epítetos.

A Cabala se insere nesse contexto como tudo o mais que foi produzido em torno das **religiões do livro**, se por isso entendermos a *"Torah"*, a chamada *"Bíblia judaica"*, cujos desdobramentos literários, no campo da revelação, continuou da parte desse Ser e dos seus chamados Anjos, vindo ainda a compor a *"Bíblia"* e o *"Alcorão"*.

Do mesmo modo que, para os cientistas, é inaceitável que possa existir um "deus" ou mesmo um "Criador" por trás do que eles mesmos denominam como sendo o *"Big Bang"* – a expansão inicial do que se pode observar a partir de uma Singularidade que eles não sabem de onde veio nem como surgiu –, para os adoradores de Javé, que o têm como sendo o tal "deus" e o "Arquiteto" responsável pela "criação dos céus e da Terra", este não poderia ser um "deus caído", pois isso afetaria por demais a sua fé.

Assim, o *"Tzimtzum"*, do rabino Isaac Luria, prefere classificar a "queda" desse Ser como sendo um "exílio" do estágio anterior onde ele se encontrava enquanto "AHVH", dentro dele mesmo, ou seja, na forma que ele criou após "cair" e se "reconstruir", de modo a poder existir no âmbito interno da sua Obra. Contudo, evitam usar a expressão "queda", escondendo-a por trás do conceito subjetivo e relativo do *"Tzimtzum"*.

Para os cientistas, é impensável que **possa existir algo, além da aleatoriedade, por detrás do surgimento da Singularidade** que explodiu e se expandiu, formando o universo que conhecemos, tido como material – e tudo indica que também há um outro, de ordem antimaterial, que se situa subjacente ao nosso.

O curioso, aqui, é que **tanto os conceitos de aleatoriedade quanto o de um "deus-criador perfeito", unem-se em absurdos lógicos.** A tese da dita "elite pensante" da humanidade, que brinca de transformar o acaso em um princípio ou numa potência criativa, é um absurdo lógico frente aos indicativos que o universo fornece a quem tem entendimento e olhos para enxergar, como se nessa questão da aleatoriedade houvesse algum padrão de racionalidade e de sabedoria digno de ser aplaudido. O outro lado absurdo, se observarmos os padrões de causa e efeito, é a **ingênua aceitação que um "deus amoroso e perfeito" vitimou todas as espécies da sua Criação com a "vontade de sobreviver a qualquer custo" e a estranhíssima inclinação para matar!** No entanto, assim mesmo tem caminhado a humanidade!

Da mesma maneira, para os fervorosos crentes do judaísmo, é impensável aceitarem a tal "queda" do "deus" que abraçam como sendo "onipotente", "todo-poderoso" e tudo o mais que a carência humana gosta de presentear ao conceito que fazem sobre Seres que não compreendem – e assim seguimos!

Quando muitos absurdos se juntam, fica difícil uma percepção limpa e clara sobre o que se pretende descortinar. E a noção sobre "Javé" parece ser o caso mais encoberto, no qual a busca dos humanos pela verdade terá que lidar, até se perceber que o impensável e o inaceitável parecem ser tão somente o inevitável "susto intelectual e emotivo" que rabinos, cientistas, padres, pastores e imãs deverão tomar quando o "choque de realidade" previsto pelo próprio Criador tiver lugar, com a vinda do seu "Messias", denominado "Hochmah" (em hebraico) ou "Sophia" (em grego).

A questão é que este "Messias" virá de um contexto algo camuflado pela ignorância "graciosamente" acumulada pelas elites da Terra, como se representante e preposto de uma realidade oculta pelas deformações interpretativas que elas criaram em torno do conceito que fizeram de "deus" e, no caso dos cientistas, da aleatoriedade que entronizaram com o seu "fator-criação ou princípio criativo". O susto virá quando perceberem o óbvio que, por enquanto, para todos eles é tido como absurdo – e desse modo eles caminham!

Não sei se por vislumbrar essa questão, o "Jesus ressuscitado", como se para irritar mais ainda os judeus ortodoxos que jamais o aceitaram como o "Messias" prenunciado pelos profetas da tradição hebreia, revelou alguns conceitos curiosos e enigmáticos por meio do chamado *"Quinto Evangelho"* ou *"Evangelho de Tomé"*[2], que não é aceito pelos cânones da Igreja Católica.

Sobre o que se encontrava oculto perante a capacidade da compreensão humana e, talvez, referindo-se a si mesmo ou à Criação no que diz respeito aos seus múltiplos aspectos perturbadores, afirma Jesus, nos capítulos 5 e 6 do *"Evangelho de*

Tomé", o que se pode entender dos dois seguintes modos, dependendo da tradução:

1. *"Cap. 5: Disse Jesus: conhece o que está ante os teus olhos – e o que te é oculto te será revelado; porque nada é oculto que não seja manifestado. / Disse Jesus: Reconhece o que é visível para ti, e o que é oculto te será desvelado. Pois nada há de oculto que não haja de ser manifestado.*
2. *Cap. 6: (...) não há nada oculto que não seja manifestado, e não há nada velado que, por fim, não seja revelado. / (...) pois todas as coisas são manifestadas ante a verdade. Nada há de oculto que não venha a ser desvelado, e nada há de coberto que permaneça sem ser descoberto.*

O que está à vista, mas tem o seu sentido ainda oculto para o entendimento humano?

Ele mesmo, Jesus, ali estava, realizando milagres, caminhando sobre as águas, ou seja, demonstrando claramente, com seus poderes, ser o "Messias" profetizado, mas por não usá-los para construir o "império judaico", desejado pelo Criador, e por ter acabado como um crucificado, obviamente que os "judeus de sangue puro da Judeia" não reconheceriam, num "derrotado judeu de sangue impuro da Galileia", o tão esperado "enviado" de Javé. Além do que, os membros fariseus e saduceus do Sinédrio daquele tempo não conseguiram aceitar o que, na atualidade, os judeus ortodoxos evidentemente também não aceitam: que o "criminoso Jesus" teria sido o "Messias" prometido ao povo judeu por um "deus" que, por certo, deveria saber o que estava fazendo e jamais promoveria aquele tipo de humilhação para o "povo escolhido". Portanto, segundo eles, Jesus jamais teria sido o "Messias" anunciado, e como "deus" não erra, nem muito menos os profetas judeus, "o Messias ainda não veio" e, ponto final!

Contudo, o sentido oculto, então incompreensível, era o de

que, sim, Jesus era e foi o tal "Messias", só que resolveu desobedecer ao "deus de Israel", pois decidiu não utilizar os seus "superpoderes" para dominar os seres humanos, preferindo convidá-los a amarem aquele Ser, a quem **confirmou como o "Criador dos Céus e da Terra – o que não corresponde exatamente à figura de Deus,** mas tão somente de Criador, ainda que muitos o tenham nessa conta.

Em relação ao aspecto de que não seria mesmo possível, devido a diversas razões, por todo o sempre, existirem questões ocultas que não viessem a ser desveladas, foram divulgados livros como este e outros que compõem as "tímidas páginas" do início da **"Revelação Cósmica"**, dando prosseguimento ao que foi relatado na **"Revelação Espiritual"**, codificada na França, na segunda metade do século XIX, por Allan Kardec[3].

Sobre a verdade por detrás do que se costuma perceber com as "lentes da religiosidade terrestre", como também sobre a sua busca – que precisa ser efetuada com toda a nossa força mental, uma vez que, estranhamente, ela não nos foi dada, sendo, portanto, imperioso persegui-la, por mais estranho que isso nos possa parecer, vindo de um "deus perfeito" –, o **"Jesus ressuscitado"** nos disse:

*"Quem procura, não cesse de procurar até achar; e, **quando achar, ficará estupefato;** e, quando estupefato, ficará maravilhado – e então terá domínio sobre o Universo."*

Esse ensinamento proferido por Jesus, no estado de ressuscitado, alerta que **aqueles que se sentem inclinados a buscarem a Verdade** – uma minoria dentre o rebanho humano –, de tanto insistirem nessa procura, um dia descortinarão as suas "cores", mas isso não será agradável, pois deixará o buscador estupefato num primeiro momento.

Por que Jesus se referiu ao "descortinar da verdade" desse

modo? Mais ainda: por que ele fez isso no estado de ressuscitado e não quando da sua vida entre os homens?

A resposta a essas duas perguntas sempre me inquietou profundamente, principalmente a parte relativa à percepção após "encontrar a Verdade", que para Jesus, num primeiro momento, não seria algo agradável, o que me parecia o "enigma dos enigmas".

O mal-entendido é que **o ser humano foi levado a pensar que "descobrir a Verdade" seria um evento agradável, belo e glamoroso,** ainda que **a natureza a seu redor tenha como característica comum o fato de todas as espécies que nela surgiram, o fizeram com a propensão de matarem outras, para delas de alimentarem** – no que não reside nada de bonito ou de agradável! Estranho, não? Ainda mais vindo de um "deus perfeito em todos os seus atributos"! **Como um "deus perfeito" criaria algo tão esquisito assim?**

Nenhuma religião responde a essa incongruência, mas todas fecham os olhos para esse "detalhe", preferindo romancear suas crenças para tornarem a vida mais suportável ou para dominarem e manipularem a "crença confortável".

Realmente, de tanto buscar, terminei me defrontando com o que não supus ser possível de existir: um Ser Criador que em nada corresponde ao conceito de "Deus" que foi construído pelos ingênuos humanos.

2ª Constatação:
O "rebanho humano" não busca a Verdade porque acredita que já a possui! Essa é a "vitória" da ignorância acumulada, produzida e disseminada, pelas religiões impositivas, aos seres humanos de bom coração e bem-intencionados!

E esse é também o caso dos judeus ortodoxos que, obviamente, não procuram a Verdade porque pensam que já a possuem desde os tempos do "pacto" de Javé com Abraão, o que, convenhamos, depois de séculos e mais séculos, **findar o cumprimento desse "pacto" com a vinda de um "derrotado", de um crucificado, e que, segundo eles, jamais ressuscitou,** consubstanciaria bem mais uma **humilhação,** um **castigo imposto ao povo judeu** pelo Criador, do que um **prêmio,** propriamente.

As elites judaicas de todos os tempos nunca aceitaram esse aspecto dos fatos e sempre preferiram ficar com a sua fé, ou seja, entendem que Javé ainda não cumpriu a sua promessa de enviar o seu "Messias".

A Cabala – novamente aponto – se insere nesse contexto e por isso dignifica, ao máximo, esse "deus" que, realmente, é um Ente Criador. Obviamente, ela nem se refere à figura de Jesus, porque seria mesmo um desdouro fazê-lo, para um povo que precisa se afirmar e se reafirmar como "escolhido" a cada página da sua dura história, prenhe de sofrimentos e de desafios a todo momento.

Isaac Luria foi obrigado, portanto, a **conceber um "deus grandioso" para a memória civilizatória do seu povo,** não cabendo nela protagonistas como um "Jesus derrotado e execrado" pelos próprios judeus, nos seus segmentos culturais mais importantes.

Como mudar esse entendimento? Será mesmo possível a alteração, algum dia, desses padrões milenarmente construídos como a **memória civilizatória de um povo?**

Evidente que é difícil, mas somente um **"choque de realidade",** ainda que seja o de uma **"realidade oculta"** que, quando revelada, fora de qualquer dúvida, possa reestabelecer as bases de uma nova compreensão sobre velhas questões.

E não há nenhuma mais antiga do que a "queda" da Divindade que criou este universo, notícia essa registrada em muitas tradições da humanidade, atualmente consideradas mitológicas pelas mais novas que, a exemplo das religiões, taxaram aquele passado remoto como lendário. Feito isso, dele retiraram seus próprios dogmas para criarem versões sobre o conjunto de eventos esquecidos, e a Cabala é somente uma dessas vertentes, edificada à moda judaica.

Seguramente, não sou o primeiro nem serei o único a dizer que o ser humano viciado em crença tem uma "natural tendência" a acreditar e, mais que isso, a aceitar certas informações – ainda que não tenham base na realidade – como verdadeiras, desde que reafirmem a sua visão de mundo, ou seja, o seu sistema particular de convicções.

3ª Constatação:
Para o viciado na crença de que é possuidor de uma verdade, não há argumentação lógica e racional que seja capaz de fazê-lo parar um pouco, olhar sob outros ângulos o que ele julga ser verdadeiro e, depois, avaliar criticamente a sua postura. Simplesmente, isso não acontece de modo agradável ou produtivo, pois somente rupturas de intensa carga emocional conseguem movimentar a sensibilidade de quem é fanático.

Infelizmente, tenho a mais inquietante das sensações – e isso nada tem de científico ou de prudente – que me leva a pensar que quase a totalidade dos atuais seres humanos, vinculados a algum sentimento de religiosidade ou de ateísmo extremo, padece desse "vício".

O "caminho do meio", uma orientação que, no passado, Sidarta Gautama deixou como precioso legado para a humanidade, foi invadido por "tanta crença em deus" que nem mesmo o budismo, uma doutrina de vida maravilhosa, foi poupado desse "embrulho religioso", e o mesmo ocorreu com o taoismo, o espiritismo e outros "ismos" viciados em conceitos sobre temas que, simplesmente não temos como saber a verdade sobre os mesmos, a não ser por meio do conhecimento de revelações fundamentadas na realidade.

Assim sendo, os judeus praticam, milenarmente, o que os psicólogos cognitivos chamam de **"viés de confirmação"**, que os seres humanos associados a crenças diversas têm, que é a **tendência de aceitar aquelas informações que apoiam, alimentam e reafirmam a fé que professam, e de rejeitar qualquer contraditório.**

O trágico, aqui, é que essa tendência se transformou em um impulso irresistível para os que creem, como uma espécie de droga que vicia o psiquismo e todas as células de um corpo, que desejam exatamente "aquele peptídeo para alimentá-las".

Afinal, crer é um conforto, pensar, porém, requer esforço, como afirmou Ludwig Marcuse[4] e, acrescento, "uma dose grande de inquietação".

Desse modo, observar o "escorregão" de um Ser que terminou por "cair" na Criação emanada da sua própria Mente e transformá-lo em um "exílio de um deus dentro dele mesmo", como afirmou Isaac Luria, significa que foi o "conjunto de aminoácidos" ou a "dose hormonal" de quem fez da Cabala a crença de que o "deus" dos seus antepassados era, realmente, "o grande, o maior, o todo-poderoso", apenas não deixando claro, para a mentalidade judaica, que sempre existiram outros "deuses" com os quais o "deus de Israel" competia.

Aqui, o aspecto trágico se repete porque nenhuma daquelas Entidades, nem muito menos a da preferência dos judeus, deveria ser chamada de "Deus"! Isso é um "desrespeito" ao Ser – o Verdadeiro Deus – que aguarda para se tornar convenientemente percebido, bem acima de toda essa confusa disputa entre Seres Menores que desejam dominar espécies e mundos a qualquer custo, embate esse **do qual Javé emergiu.** O tipo de Ser que se tornou "deus" para os judeus é produto bem mais de um grande "desacerto" do que algo que se possa ou se deva ter orgulho.

De todo jeito, "um deus exilado dentro dele mesmo" é uma construção que, apesar de interessante, não consegue esconder o aspecto de que houve algo que forçou um Ser a "despencar escada abaixo", numa relação de verticalidade sofrível, ainda que não se revele como ele "rolou pela escada" ou "caiu no Abismo" por ele mesmo engendrado.

Pelo menos, poderia ter sido um "exílio de um deus dentro da Criação dele mesmo", o que estaria mais próximo do que apontaram as mitologias de um passado bem mais remoto do que o do tempo em que a Cabala foi formulada.

Nesse pretérito esquecido, Javé (chamado de "Brahma", na mitologia ariana/hindu) era tão somente um dos Entes que disputavam (com Vishnu e Shiva) o "direito autoral" da Criação e de quem a comandava.

Nos tempos da elaboração da Cabala, ele já era o "deus de um povo por ele escolhido" com o objetivo de que afirmassem, para o resto do mundo, que ele seria o "deus único e verdadeiro". Estranho, não?

Um dos hinos do *"Rig Veda"*, que compõe as escrituras hindus, relata que o universo teria se formado a partir do "sacrifício de uma Divindade", entendendo-se como "sacrifício", exatamente a sua "queda"! De onde vem essa informação? Por que ela não foi e não é devidamente estudada pelos adeptos do hinduísmo, pelo menos? Será que essa "notícia" não tem o mesmo teor informativo da que seria, mais tarde, veiculada pelos judeus, à moda do que fez Isaac Luria?

Esse "sacrifício" – que sou obrigado a interpretar como "queda" ou "absorção" do "seu Corpo Mental" pelo âmbito interno da sua própria Obra – implicou que a "primeira percepção" desse "deus caído", agora "refém" do que ele mesmo gerara no estado de Divindade que possuía antes da "queda", foi a força propulsora de tudo o que faz mover a sua Criação até os tempos atuais, mesmo decorridos mais de 13 bilhões de anos.

Como desconhecem essa história, os judeus não aceitam se basearem em outra fonte que não seja a das escrituras do seu próprio povo, parecendo não perceberem que, da mesma maneira como os hebreus/judeus foram escolhidos, outro povo, os arianos, também o foi, só que a estes, o Ente se apresentou com o nome de "Brahma", sendo, mais tarde, assim absorvido pela cultura hindu.

Óbvio que a ortodoxia judaica não aceita esse aspecto da história. Todavia, para Javé, ele não estava fazendo nada de errado, pois que o "pacto" feito por ele com Noé, bem antes do de Abraão, dava "legalidade moral" à opção feita no pretérito, porque Gomer, ancestral do "DNA ariano", era também neto de Noé, só que de uma outra linhagem do seu sangue. Abraão era da descendência de Sem, outro filho de Noé. Parou por aí? Não!

Após ter se decepcionado com os arianos e, depois, com os judeus, esse mesmo Ser pactuou com Maomé, árabe de origem, e que também representava um outro ramo da descendência de Abraão. Em outras palavras, ter se apresentado aos antigos hebreus como "Javé", aos arianos como "Brahma" e aos árabes como "Alá", todo esse contexto de pactos se encontrava no âmbito da descendência de Noé! (Ver, em anexo, *"A Linhagem dos Patriarcas Hebreus"*).

Todos tem conhecimento disso? Sim, todos sabem, mas o saber não modifica nenhuma questão do vício da crença ancorado na verdade pessoal dos brâmanes, dos judeus ortodoxos, e dos muçulmanos, seguidores de Brahma, de Javé e de Alá, respectivamente. Terminou?

Penso que sim, porque a última tentativa desse Ser em fazer "pacto" com terráqueos, parece não ter surtido o efeito por ele esperado, como também pelos seus Anjos. Entretanto, o peso do vício da crença milenar que os povos envolvidos com essa história intrigante ainda possuem e cultuam, respondem tanto pela crença de um Hitler, de que os arianos eram o "povo escolhido", provocando uma guerra mundial, como também pelos conflitos sempre inacabados entre árabes e judeus, que permanecem assustando a sensibilidade humana.

Quanto de culpa e de responsabilidade esse Ser acumula

pelo que tem acontecido de trágico na História da Humanidade?

Mudam-se muitas circunstâncias na vida planetária, mas a tal fé viciada em se acreditar que se faz parte de um "povo escolhido" por esse "deus" impositivo, indeciso e insistente, que deseja dominar os humanos por meio do uso de um desses grupos, é realmente intrigante. Entretanto, quem tem, de maneira séria, olhos para ver esse enredo, ou mesmo tão somente esse contexto que marca a vida de todos os que vivem na Terra?

Talvez, seja por isso que nós somos tão facilmente condicionados a nos tornarmos crentes desta ou daquela doutrina religiosa, desde que somente apropriemos como sendo "verdadeiro e importante" aquilo que nos é agradável e/ou suportável. E, convenhamos, é bem melhor ter um "deus exilado dentro dele mesmo" do que "caído"!

Características eufemísticas como essa se encontram presentes nos "desdobramentos teológicos" de todas as religiões. A Cabala ajuda bastante a que a crença dos judeus num "Messias todo-poderoso", que ainda haverá de vir, permaneça viva e atuante, ainda que isso, conforme penso, mais pareça o "vício da crença", apontado anteriormente, do que uma "perspectiva consciente".

É aqui que nasce parte das nossas dificuldades em descortinar a realidade que nos cerca, porque as "lentes religiosas" não deixam que os seus adeptos possam atualizar os "graus de miopia e de cansaço" do viciado olhar terráqueo, que foram condicionados a possuir. Assim tem caminhado os seguidores de religiões!

2

AS TEOLOGIAS POSSÍVEIS

Diante das evidências presentes na **natureza violenta** que marca a vida das diversas **espécies terrestres**, associadas às revelações que falavam de uma "uma Criação algo problemática, de um deus todo-poderoso", o tirocínio humano foi historicamente tentando arquitetar uma compreensão adequada perante esses fatos, sempre ajustando a mesma aos traços da conveniência nacional de cada etnia.

Durante muito tempo do período da Antiguidade, cada povo importante tinha que ter o "seu deus como protetor e patrocinador da sua destinação". Os judeus realizaram essa empreitada intelectual com brilhantismo, e o seu peso escritural, assentado na fé e no orgulho de ter sido alvo de uma "escolha divina", sempre norteou os desdobramentos das atitudes da nação judaica. Associa-se a isso uma "promessa divina" que garantia a posse de uma gleba numa das áreas mais conflituosas da geopolítica do planeta, que traz consigo os indicativos históricos de "outros donos" da terra em questão, em tempos ainda anteriores ou mesmo contemporâneos aos do êxodo judeu.

Fora do campo religioso, sensibiliza-me por demais

recordar a afirmação do ganhador do Prêmio Nobel de Física, o americano Steven Weinberg[1], que apresento abaixo com grifo meu:

*"O esforço no sentido de entender o universo é uma das poucas coisas que **elevam a vida humana acima do nível da farsa, conferindo-lhe algo da dignidade da tragédia.**"*

— STEVEN WEINBERG

De um certo modo, parafraseando o eminente cientista, eu diria que o esforço no sentido de entender não só o universo, mas a sua "possível" História, narrada nas "intrigas mitológicas" sobre os pretensos "deuses criadores", deveria ser entendido como sendo o único caminho disponível para especularmos sobre uma outra versão que temos na História oficial, já que esta é uma verdadeira farsa, e dela precisamos nos livrar para podermos, realmente, compreender as "cores da tragédia" que somos obrigados a vivenciar.

Nessa perspectiva, uma das possíveis explicações é ofertada por David Deutsch[2], pioneiro da computação quântica, formulador da ideia, aos meus olhos, mais mirabolante sobre a questão enfocada neste livro, só que de invejável racionalidade: **a existência de um "computador quântico universal", capaz de simular qualquer realidade fisicamente possível** e, acrescento eu, **por detrás deste, a presumível existência de uma ou diversas Entidades que dele se utilizam para gerar faixas e dimensões de realidades aparentemente particularizadas.** Afinal, prossigo, se um cientista desse porte admite que possa existir um "computador quântico" é porque deve entender que "Alguém" o criou e dele se utiliza.

Pode-se perceber que uma ideia extravagante como a mostrada em *"Matrix"*[3], com supercomputadores que criam faixas de realidade nas quais existe vida, parece enredo infantil perante a de David Deutsch.

Sinceramente, não sei aquilatar se **a "esquisita história" de um Criador "decaído" e "refém" da própria Criação, a qual não pôde ou não teve tempo de finalizar**, como é o caso apontado nas mitologias que falam sobre Brama/Javé, **seria mais ou menos "mirabolante" do que as teses científicas atuais.**

Sob a ótica ocidental, a busca por esse entendimento se originou do questionamento inspirado nas tradições filosóficas de vultos como os pré-socráticos (Tales de Mileto, Anaximandro de Mileto, Pitágoras de Samos, Parmênides de Eleia e Heráclito de Efeso), Sócrates, Platão, Leibniz, Schopenhauer e Spinoza, em cujas obras reside a formulação de questões que motivam o ser humano a mergulhar no enigma da existência, objetivo maior da Filosofia. Afinal, ninguém precisa das "cores religiosas" para se sentir inquieto perante a sua existência e a do mundo que o envolve. Inclusive, muitos afirmam que estas "cores" surgem exatamente com o objetivo de aplacarem a angústia da inevitável inquietação dos que têm olhos para, além de verem, perceberem a Verdade.

Quanto à perspectiva oriental, desde a raiz mais profunda que se pode atualmente perceber nas tradições do passado, as revelações ali ocorridas já surgiram com as "cores da religiosidade e da veneração", preenchendo, de pronto, como um tipo de "lavagem cerebral avassaladora", a carência humana de algo tentar compreender sobre a sua própria condição frente a realidade da vida.

Foi dessa nobre tentativa de entender o aparente incompreensível e difícil de aceitar – a existência de um Criador e de uma Criação com "problemas" – que surgiu o que, na atualidade, chamamos de **"teologia"**, que as diversas religiões promovem de modo a facilitar a vida dos seus adeptos, sempre deixando a questão dos "defeitos da Criação" escondida "embaixo dos tapetes" das catedrais e dos templos de todas as categorias.

A teologia puramente judaica sobre Jesus, sequer existe, pelo motivo de que os judeus sempre o consideram um "fracassado" e, ao mesmo tempo, esperaram um "Messias superpoderoso". **Para eles, Jesus jamais foi o "Messias" prometido por Javé.**

Perante a agressiva passagem bíblica de um "deus" que não cedia quando se tratava de fazer cumprir a sua vontade, sem se importar com o sofrimento do seu "emissário" que, em pleno desespero pedira ao seu "Pai" que o liberasse, que o livrasse "daquele cálice", a **teologia judaico-católica**, que seria criada mais tarde pela Igreja de Roma, produziu a mais "romântica" das explicações para justificar o acontecido, com o objetivo de tornar "palatável", "aceitável", a **violenta postura desse "deus" em relação a "seu filho"**, quando sequer os imperfeitos pais e mães terrenos cometeriam tal atrocidade ou algo parecido.

4ª Constatação:
O enredo teológico engendrado pelo romantismo e ingenuidade humanos, passou a falar de um "deus que amava tanto a seu filho e a humanidade, que o fez sofrer para apagar, quitar os pecados da mesma".

Como pode um "deus" precisar do sangue de alguém para, somente assim, poder apagar o "pecado original" e outros tantos cometidos por uma humanidade que sequer pediu para existir e já se vê vivendo ancorada num genoma animal cheio de inclinações violentas? Será que isso faz algum sentido lógico? Que classe de justiça é essa? Que tipo de "deus" é esse? Estranho, não?

Nenhuma religião consegue responder a essas questões, ainda que tentem fornecer, como explicação, uma causa ou contexto espiritual por trás da vida terrena. Todavia, nem mesmo assim, esse tipo de explicação é justificável, pois fere a ética da emergência do fenômeno da vida nesses moldes predadores. E então? A questão é que essa se tornou a "teologia possível" de ser criada pela lógica dos humanos crentes, de boa fé e, acima de tudo, ignorantes quanto à Verdade dos fatos.

Essas noções teológicas não resistem a dez minutos de reflexão séria sobre os próprios registros das denominadas "escrituras sagradas". Contudo, a crença dogmatizada impede a reflexão libertadora, que busca a Verdade, ainda que sob os efeitos das imperfeições inerentes à condição humana.

Existe também uma **teologia judaica** que, com liberdade de interpretação, de modo diferente da católica, enveredou por caminhos jamais percorridos no contexto do cristianismo.

O já citado conceito de *"Tzimtzum"*, do rabino Isaac Luria, que dá o indicativo do "exílio de deus dentro da sua própria Criação", diz que:

"Deus foi compelido a dar espaço ao universo, abandonando uma região dentro de sua infinidade. Ao se contrair, ele deixou um lugar primordial para o universo se desenvolver".

Complicado, não? Entretanto, se entendermos que a tal **"contração de deus"** talvez signifique exatamente a **"implosão"** do seu Corpo Mental – conforme descrito nos livros que produzo –, o que provocou a sua **"queda"** no âmbito da Criação, talvez fique "menos incompreensível" para a lógica humana, até porque foi exatamente isso que aconteceu, conforme atestam as mitologias antigas e o próprio Ser em questão, que protagonizou – e ainda o faz – todo esse "drama".

Assim, segundo o rabino Luria, **o primeiro ato ou atitude mental de "deus" não foi um passo para fora, mas para dentro**, como se "implodindo e caindo" na própria "implosão", e daí o *"Tzimtzum"*.

Por sua vez, a **teologia judaica arquitetada pelos antigos**

cabalistas espanhóis, apontava que **o universo havia começado a existir quando "deus" decidiu liberar o seu "Poder Criativo"**, sendo, a partir daí, que tudo o mais que existe, passou a ser configurado nos moldes em que conhecemos.

O inquietante é, por definitivo, perceber que esse **"deus deu um passo para dentro da sua Criação"**, e é exatamente isso que temos chamado de **"queda da Divindade"**, que pode ser vista sob diversos ângulos.

Daniel Matt[4], especialista em Cabala, tradutor do *"Zohar"* e professor de teologia da universidade de Berkeley, nos Estados Unidos, fez a seguinte interpretação, que apresento com grifos meus:

> *"(...) no **vácuo criado, deus lançou um raio de luz** que foi canalizado por vasos. Mas, à medida que a **emanação progredia**, alguns vasos não resistiram à força da luz e se estilhaçaram. A **maior parte da luz voltou para sua fonte infinita**, mas a **restante caiu como centelhas que ficaram presas na existência material**. Portanto, a **tarefa humana é libertar as centelhas para restituí-las à divindade**. Esse processo de "tikun" é cumprido por meio de uma vida de santidade."*

Vou, agora, interpolar, entre parênteses e também em negrito, a minha interpretação às tradições do *"Zohar"*, comentadas por Daniel Matt, com o objetivo de ressaltar como a história da compreensão humana sobre os **"grandes mistérios"** poderia ser bem diferente e menos infantil:

> *"(...) no vácuo criado* **(na Singularidade)**, *deus lançou um raio de luz* **(programação mental de organização do universo)** *que foi canalizado por vasos. Mas, à medida que a emanação progredia* **(expansão do universo)**, *alguns vasos não resistiram à força da luz e se estilhaçaram. A maior parte da luz voltou para sua fonte infinita, mas a restante caiu como centelhas que ficaram presas na*

existência material (o "centro" da sua Consciência permanece no plano onde se encontrava, enquanto teve lugar a "queda" do Corpo Mental do Criador, que segue, até agora, "refém" da própria Obra). *Portanto, a tarefa humana é libertar as centelhas para restituí-las à divindade* (somos "coconstrutores" de uma Obra "inacabada" e "criaturas-ferramentas" do redimensionamento universal). *Esse processo de "tikun" (que significa "reparo") é cumprido por meio de uma vida de santidade."*

Quanto às "centelhas", podemos entendê-las como sendo os elétrons, cuja relação com o Criador foi descrita no livro *"A Rebelião dos Elétrons e o Código de Vida do Criador"*, de minha autoria.

Essa "vida de santidade" é a opção para os humanos, conforme a visão de Matt. Já sob a perspectiva apresentada por Isaac Luria, as ações humanas favorecem ou impedem o *"tikun"*, ou seja, **o reparo na Obra – e quem sabe, na própria condição do Criador –, apressando ou adiando a vinda do "Messias"** que, para os "orgulhosos judeus", ainda não veio.

O detalhe é que o "Messias" aqui referenciado, não corresponde à prometida e esperada "volta de Jesus". O assunto se apresenta bem mais complicado ainda! Conforme entendido pela linhagem judaica tradicional – novamente deve ser ressaltado –, Jesus jamais foi tido como o "Messias" prometido pelo "deus de Israel".

Considerei absolutamente necessário acrescentar a minha visão aos trechos dessa interpretação produzida por Matt, procurando demonstrar, assim, a "dose de romantismo" com que os temas sobre Javé foram tratados pelos "estudiosos", que jamais usaram do perspectivismo para observar a questão por ângulos não triviais nem cômodos.

O curioso, e mesmo deprimente, é que esse tipo de **"leitura doce e majestosa"** de uma **"situação caótica e dramática"** não existe somente por parte dos cânones do judaísmo, mas também, do bramanismo, do catolicismo, do protestantismo, do islamismo e de diversas outras agremiações de crença, que **louvam o Criador Universal, confundindo-o com Deus**, o que representa um outro aspecto mais lamentável ainda da questão.

Esse tipo de Criador não deveria ser louvado do modo infantilizado como se costuma fazer, e esta é somente uma das faces do problema. A outra é a de confundir um "Personagem" tão inconsequente, furioso e equivocado quanto esse, com a condição augusta de Deus. No futuro distante, as gerações do amanhã planetário terão que se esforçar bastante para compreenderem como essa esquisitice pôde vigorar, por tanto tempo, no psiquismo de seus ancestrais, tidos como "racionais".

Preocupei-me, portanto, em ressaltar que **a "interpretação" do conteúdo das páginas dos principais livros que compõem a Cabala** – que, por sua vez, já foi produto do "entendimento" de quem codificou a revelação recebida do Criador e/ou dos seus Anjos –, **está muito aproximada do teor** que tenho procurado abordar no conjunto das obras que se referem ao Criador "problemático" e à sua Criação "imperfeita e inacabada", exatamente devido à sua "queda".

Sei o quão desagradável isso poderá parecer para alguns, porque, **da parte dos cabalistas, sempre houve a "tentativa sagrada" de poupar o Criador de qualquer interpretação que o diminuísse em relação à grandeza a ele sempre emprestada pela crença dos judeus,** pelo menos, aqueles dos tempos antigos. Tendo em vista o que estou sendo obrigado a fazer, não posso ter essa mesma preocupação.

Os estudiosos, baseados em suas crenças, usaram a Cabala para transformar o "drama" de uma Entidade Criadora num "sucesso criativo" que jamais existiu. E continuamos todos vivendo como se assim o fosse!

Immanuel Kant[5], magistralmente, convida o ser humano a pensar sobre o modo comum como a nossa família planetária foi colecionando as suas verdades, sem que se desse à prudência moral de procurar compreender os eventos da existência, antes de crer nelas, por uma mera questão de conveniência.

"Explicar as disposições naturais ou a sua modificação, recorrendo a Deus como autor de todas as coisas, não é certamente uma explicação física, constituindo isso, sempre, uma confissão de que se chegou ao fim de sua filosofia, pois, desse modo, somos obrigados a admitir algo cujo conceito não se tem, para podermos formar conceito de possibilidade daquilo que temos diante dos olhos."

Durante muitos milênios, devido aos fatos, o ser humano foi – como ainda o é – obrigado a aceitar o testemunho dos seus olhos, associando a essa percepção as ilusões, carências e necessidades da sua própria imaginação.

Nesse ponto, temos uma singular questão a ser observada, que é a de que, efetivamente, no passado, os nossos ancestrais conviviam sim, com seres e eventos que não eram de procedências humanas, por mais que isso choque o nosso senso de compreensão. Essas circunstâncias que os terráqueos atuais não mais vivenciam, pelo menos por enquanto – devido a um incompreensível fechamento de portais entre estes dois universos que se irmanam como componentes de uma mesma Criação "problemática", cuja origem se deu a partir do *"Big Bang"* apontado pela ciência –, poderão voltar a envolver a vida planetária dentro em breve.

Dificilmente, o olhar atual consegue se libertar das "lentes" do peso do anacronismo – ou seja, do erro de atribuir os costumes de uma época à outra –, para bem enxergar e compreender o que realmente se sucedeu na sua ancestralidade.

Independente dessa habilidade quase sempre ausente nas honrosas, porém, ingênuas tentativas de valorizar e de respeitar os compêndios religiosos do passado, as diversas teologias vão, inevitavelmente, surgindo como fontes de renovação, não do conteúdo em si, mas da manutenção do mesmo, enquadrado nas conveniências da crença e sempre por meio do já referido processo do "viés de confirmação".

Como já explicado, a presente abordagem pode ser considerada de muitas maneiras, menos como exemplo de qualquer pretensão no campo da confirmação. Por isso, obviamente, **desagrada a todos os que se encontram voltados para a "sacralização do passado"**, esquecidos de que o presente teima por não validar tais crenças como sendo o que de melhor o ser humano poderia se utilizar para evoluir rumo a um futuro mais digno e honesto, sem tantas "crenças absurdas e infantilizadas e seus produtos estéreis".

As teologias religiosas "infantilizaram" o ser humano a tal ponto que o transformaram em "colecionador de talismãs ridículos". E assim tem seguido o *"Homo religiosus"* (alusão ao comportamento religioso dos atuais *"Homo sapiens sapiens"*)!

Seja como for, relembrando o físico estadunidense Steven Weinberg, nunca é demais refletir sobre o seu ponto de vista de que o *"esforço no sentido de entender o universo é uma das poucas coisas que elevam a vida humana acima do nível da farsa"*, porém isso não significa que essa busca esteja livre de problemas.

Gostem ou não os cientistas, uma das fraquezas humanas mais "poderosas" é a sua propensão pelas realidades imaginárias. Como aponta o historiador israelense Yuval Harari[6], *"uma das mais poderosas ferramentas da linguagem é a sua capacidade de criar coisas que só existem nas nossas mentes, mas que, como todos as creem belas, tornam-se reais"*.

Sob esse contexto, o dinheiro em circulação, as pessoas jurídicas, as religiões e a ideia de uma nação, dentre outras construções da vida, são "ficções intersubjetivas" que funcionariam de modo a motivar os indivíduos a viverem conforme esses critérios (senso de nacionalidade, de identidade religiosa, e por aí vai o efeito dessas construções mentais) que parecem não ter limites, mas têm!

Sou dos que pensam que, o que entendemos como **"choque de realidade"**, mais cedo ou mais tarde afronta essas "ficções humanas", ainda que seja somente de tempos em tempos, pois, afinal, essas realidades se encontram ocultas e não são facilmente percebidas para o senso de modernidade que nos marca.

O que essa temática mostra?

5ª Constatação:
As teologias erigidas pelos rabinos para transformar uma "desgraça" num "ato divino", esconderam a realidade de que estamos todos vivendo no âmbito de um Domínio gerado pelo "exílio" de uma pretensa Divindade, a qual, apesar de "caída", sempre se pretendeu forte e poderosa, mesmo que os fatos atestem o contrário.

Como singularmente registrado em *"O Livro de Enoch"*[7], tamanha era a fraqueza pessoal do Criador, que ele jamais conseguiu sair da sua "morada", aspecto que teve como desdobramento a questão dele se ver obrigado a enviar um "Messias", tomando, para tal, **um "Avatar emprestado" de *Chokmah* (Vishnu)**, conforme será visto mais a frente.

Complicando toda essa situação, o "Messias" que apareceu como sendo aquele anunciado por João, o Batista, o profeta precursor de Jesus, jamais agradou ao orgulho dos "judeus da Judeia" – os do Sinédrio, os de "sangue puro". Talvez, por isso tenham surgido "tantas teologias" no âmbito do judaísmo, para apressar a vinda do "Messias poderoso" – e não um homem que foi crucificado pelo próprio Sinédrio –, como até agora é esperado! Por quem? Pelos que não aceitam o fato de que o tal "Messias" já veio, principalmente por Jesus haver descumprido a ordem do "pretenso deus exilado" – que era a de transformar Israel numa superpotência e, a partir daí, dominar a Terra –, tendo sido crucificado sob interferência direta deste próprio Ser, usando os judeus e os romanos para tanto.

Nesse ponto, qualquer "ficção teológica" imaginada pela capacidade humana de edificar estórias fantásticas para encobrir os eventos reais, ficará sempre menor que a própria realidade!

Por não ter aceitado o "pacto" com o Criador, já fui mesmo acusado, por ele, de estar somente criando mais uma teologia, só que "negativa" e, de todas, a mais "insignificante e injusta" a respeito dele – faço questão de deixar o registro dessa reclamação que tenho escutado de Javé, ainda que me solicite para continuar sempre com o mister esclarecedor.

Estranho, não?

3

ARRANJOS MENTAIS E ENREDOS INCONCEBÍVEIS

Conforme abordei no livro *"Jesus e Nietzsche"*, *"Amused to death"* é a música-título de um dos trabalhos de Roger Waters[1], após a sua saída da banda *"Pink Floyd"*, cuja letra ressalta que a presente geração de humanos se "diverte até a morte", e que efetivamente encontra diversos modos para se entreter em meio às desgraças e desafios da vida, como se esses se resolvessem por si mesmos.

Existem muitas maneiras de se fugir da realidade!

Que o digam os tempos pandêmicos nos quais produzo estas páginas – maio do ano 2020 –, em que festas dançantes estão tendo que ser proibidas pela polícia no país em que vivo, porque alguns brasileiros, talvez estimulados pelo seu atual presidente, "não estão nem aí" para a "gripezinha" promovida pelo novo coronavírus (SARS-COV-2).

Diversões à parte, na "minha pequenez", tenho me esforçado para chamar a atenção dos meus contemporâneos sobre o aspecto aparentemente simplório de que **a vida não se resolve por si mesma**, como se "deus" estivesse sempre dando "aquele jeitinho brasileiro" em tudo e a toda hora, pois são muitas as forças que atuam sobre a mesma, inclusive você, caro(a) leitor(a).

Um ser humano sozinho pode promover realizações maravilhosas, e mudar o rumo da História para o lado belo da vida, como foi o caso do Mahatma Gandhi. Por outro lado, também pode provocar um caos político comportamental, como o do policial de Mineápolis que, de modo covarde, estúpido e cretino, matou um cidadão americano que estava sob a guarda da polícia local, triste evento que despertou um grau de indignação frente ao "racismo sufocado" que existe nos Estados Unidos, somente visto quando do assassinato de Martin Luther King.

Isso, de tão óbvio, a princípio nem necessitaria ser ressaltado, mas o pior é que precisa – pelo menos assim penso.

A humanidade costuma achar que "deus", Jesus, Maomé, dentre outros, cuidarão de tudo, ainda que a nossa contrapartida correspondente na organização do mundo parece nunca ter existido ou, caso tenha sido um dia vislumbrada, jamais foi praticada no cotidiano planetário.

Realmente, de modo fácil e algo vulgar, emprestamos a nossa energia aos diversos modos de explosão emocional no campo da diversão, como se a vida se resumisse àquele momento.

Óbvio que precisamos viver o tempo presente da maneira mais intensa, produtiva e mesmo prazerosa que pudermos, mas sem perdermos de vista o todo que nos envolve e suas circunstâncias.

No livro *"Jesus e Nietzsche"*, também relatei que, por entre diversões carnavalescas e outras mais, enquanto o mundo acompanhava as deliciosas sagas de "Frodo"[2] (herói da trilogia cinematográfica *"O Senhor dos Anéis"*, baseada nos livros de Tolkien) e de "Harry Potter"[3] (personagem principal das obras de J. K. Rowling), algo tão ou mais aparentemente absurdo para a "lógica das pessoas trouxas" – nos livros sobre Harry Potter, a autora denomina "trouxas" os humanos que não conseguem praticar magia – estava realmente acontecendo, sem que a mídia e a curiosidade mundial pudessem perceber. A que me refiro?

6ª Constatação:
Painéis das esquecidas mitologias, tidas como mero conteúdo inventado por exímios "artistas psíquicos" que formataram os mais fabulosos símbolos para adornar o entendimento sobre a vida, estavam e estão novamente invadindo os espaços do mundo terreno, em pleno século XXI, sem que os humanos e suas agências de informações poderosas de nada saibam.

O problema é que o vínculo desse aparente e simplório aspecto mitológico nas nossas vidas é bem mais profundo, dramático e mesmo cruel do que a desavisada condição mental do dito pensamento racional moderno pode vislumbrar.

As mitologias compõem a versão mais antiga dos primeiros registros no campo do conhecimento, formulados pela condição humana, na sua lenta e penosa aventura de interação com a realidade, mas poucos percebem isso e o que, realmente, esse aspecto representa!

As religiões que atualmente conhecemos, surgiram somente muito depois e a partir de algumas das mitologias mais importantes do passado. Contudo, apesar dessas religiões serem "filhas" e desdobramentos das mitologias, como um tipo de "progênie ingrata", as elites religiosas fulminaram com as "mitologias-mães", taxando-as de inverídicas, anacrônicas, irreais, fruto do "xamanismo da consciência alterada", prenhe de "deuses" ultrapassados, afeitos a um **henoteísmo**[4] **criminoso para com os humanos.**

7ª Constatação:
A ideia, agora, de um "deus único, justo e bondoso" para com os que lhe eram submissos, substituiu e mesmo teve o condão de destruir, pela força do fanatismo, muitos dos traços da herança mitológica mais antiga, exatamente a primeira registrada na consciência cultural da humanidade.

Após quase dois milênios de obscurantismo intelectual imposto pela Igreja Católica ao conhecimento ocidental, eis que **o cartesianismo, seguido do iluminismo, fulminaram de vez os vestígios de qualquer valor nas tradições mitológicas.**

Isso nos fez chegar ao tempo em que vivemos, com **o senso condicionado a taxar como "ficção mitológica"** tudo o que for referente a essa Antiguidade mais que tardia, o que é um erro trágico e mesmo grosseiro, que estamos cometendo. Pena que essa consciência somente surgirá entre as gerações humanas futuras.

Existe, porém, um dito popular que afirma que a **realidade sempre nos atinge, sempre nos choca com a sua presença,** ainda que a desclassifiquemos como possível de ser "daquele jeito" que ela teima por se apresentar, trazendo consigo "loucuras irreais", que não podem ser verdadeiras, ainda que sejam.

Foi exatamente o que se deu comigo enquanto o mundo se encantava com as histórias de "Harry Potter" e a saga épica da luta entre o bem e mal, das obras de Tolkien.

Os rabinos e as forças judaicas, como sempre, perdidas nas suas ondas particulares de domínio no campo da geopolítica mundial, nada viram ou souberam que o Ser, tido como sendo o "deus" deles, estava agindo no planeta à revelia das promessas do passado, dos termos da "antiga aliança" que eles afiançam que ainda não foram cumpridos pelo fato de Javé não ter enviado o "Messias" prometido pelos profetas judaicos, conforme seus próprios critérios de análise.

Possivelmente, as circunstâncias da vida já estejam bem

satisfatórias para as elites dominantes, uma vez que o resto dos problemas teológicos podem sempre ser explicados do modo mais misterioso possível, pois ninguém vai mesmo entender questão nenhuma e, assim, a Divindade que se viu compelida a se "contrair" e "abrir um espaço" para a sua Criação e nela "cair", talvez, pensam eles, não esteja atuando mais nestes últimos tempos. Todavia, se estivesse, claro, deveria ser entre os "escolhidos de outrora", junto aos membros da elite judaica da atualidade. Será?

O inquietante, aqui, é que Javé variou bastante de povo: primeiro o hebreu, depois o ariano, após o qual, retornou para o hebreu até chegar ao judeu, que era constituído pelos hebreus do reino de Judá, e em se sentindo "traído" por Jesus, escolheu, ainda, os povos árabes, por meio de Maomé. E atualmente, o convite para um "pacto", por ele ofertado a um não judeu, a "um qualquer" – um brasileiro –, tinha como objetivo criar uma religião planetária que confirmasse todas as demais por ele geradas ao longo do temeroso e torturante processo histórico que ele obrigou os humanos a viverem.

Imagine o(a) leitor(a), se os atuais judeus e islâmicos aceitariam tal possibilidade, ainda que os eventos de pirotecnia extraterrestre estivessem, como ainda estão, prontos para serem executados nos céus do planeta, como maneira de comprovar o seu mais novo "desígnio" a todos os povos da Terra.

Que tipo de pirotecnia?

No capítulo 32 do livro *"Apocalipse de Elias"*[5], cujo título é *"O Ungido"*, encontra-se registrado o seguinte vaticínio profético:

"Quando o Ungido vier, Ele o fará numa forma semelhante a uma pomba; e virá cercado de uma coroa de pombas; e flutuará nas nuvens do céu, precedido do sinal da cruz. Todo o mundo presenciará esse espetáculo, desde o nascer do sol até o seu ocaso. Assim Ele virá e todos os seus Anjos estarão com Ele."

Proponho que o leitor substitua a "pomba" por uma nave gigantesca, e a "coroa de pombas" por uma esquadrilha de naves que arrodearão a "Jerusalém Celeste" – citada em outro livro profético, o *"Apocalipse de João"*[6], como sendo a nave-mãe, a nave-comando na qual o "Cristo Cósmico", ou *Hochmah* (em hebraico, e que corresponde a "Sophia", em grego) estará presente –, sendo essa a **"pirotecnia extraterrestre"** a qual me referi anteriormente.

"Todos os olhos o verão vir por sobre as nuvens dos céus acompanhado de seus anjos", afirma o *"Apocalipse de João"*, enquanto que o de Elias, personagem que viveu cerca de oito séculos antes do apóstolo-evangelista João, avisa que *"Todo o mundo presenciará esse espetáculo, desde o nascer do sol até o seu ocaso".*

O próprio Mestre Jesus deixou o seu aviso amoroso apontando para a sua vinda no futuro, não novamente na forma humana, mas sim, na sua condição de "autoridade celestial", como se pode ver em três dos evangelhos canônicos[7], pelo menos:

"Aparecerá no céu o Sinal do Filho do Homem. Todas as tribos da terra baterão no peito e verão o Filho do Homem vir sobre as nuvens do céu, cercado de glória e majestade." (Mateus, 24,30 = Marcos, 13,26 = Lucas, 21, 27).

Esses três vaticínios acima apontam para o enigmático aspecto de que Enoch foi o primeiro a avisar sobre a vinda de uma autoridade celestial à Terra ao tempo do "Juízo Final", Elias avisou novamente, Jesus confirmou o seu retorno numa condição diferente da humana, Sophia (*Hochmah*), o "Cristo Cósmico", ratificou, por meio do *"Apocalipse de João"*, a promessa que o seu Avatar humano Jesus fez. Mesmo com todo esse quadro, os judeus ortodoxos fecham os olhos para sua própria história e não aceitam Jesus como sendo um dos elos dessa cadeia profética. Simples assim!

Por loucura que possa parecer, como o último "pacto" proposto pelo Criador não foi aceito, estes livros são tão somente mais um desdobramento dos fatos então ocorridos, que me levaram a essa tresloucada *"satiagraha"*[8] que venho, solitariamente, vivenciando "contra Javé e sua Hierarquia".

Como a minha opção foi confirmar o Ser Cósmico que está para se apresentar aos terráqueos como 'Sophia", o "Suserano Universal", e não como um "Messias" somente enviado para agradar as carências históricas dos judeus, que jamais aceitaram nem mesmo compreenderam a história de Jesus, sofri e sofro as consequências desta independência que procuro manter, ao mesmo tempo em que desagrado a "Céus e Terra", a Javé e sua Hierarquia, enfim, às religiões dos meus irmãos e irmãs de espécie. Óbvio que isso não tinha como acabar bem, como de fato se deu para o meu lado!

Claro que a situação "melhora" quando o horrível passa a ser somente o pior dos mundos, quando este se torna somente muito ruim, quando o muito ruim fica somente ruim, e a sensação de que o pior passou, ainda que a vida da pessoa esteja totalmente estraçalhada pelo atropelamento dos eventos vindos sabe-se lá de onde.

Será esse o único conforto possível? Será que a *"glória às lutas inglórias"* somente assim serão tratadas pela sensibilidade de um Aldir Blanc?[9]

E assim, nós, os humanos, tomamos o horroroso somente como uma das faces do que é ruim e fazemos da vida um hino de gratidão pelos acontecimentos serem dessa maneira, o que, convenhamos, frente à ótica do "temor a deus", deve mesmo ser considerado como bastante sensato!

Quem promoveu toda essa insensatez existencial? Afinal, nem Jesus, nem Deus, nem Javé jamais resolveram essa questão, para que o Criador – tão desclassificado no campo do bem e da virtude – se apresentasse e, ainda mais, se arvorasse como sendo o "deus principal" de todas as mitologias e religiões do passado esquecido.

A "Espiritualidade" se fechou no seu esconderijo, aspecto que não a tem dignificado frente aos que percebem a situação, por se verem obrigados a tomar a "pílula vermelha" – uma referência à trilogia de filmes "Matrix" –, que revela as "cores reais" da existência e o que se encontra por trás da mesma. Ao fazermos isso, é óbvio que nos espantamos com a maneira como nós, as próprias "cobaias humanas" – e as demais espécies cósmicas –, fomos e somos assim gerados com o contributo dos nossos Espíritos, que estruturam a vida transitória material-animal. Além disso, a solidão de me ver "vendido" a determinados seres extraterrenos e a outros extrafísicos, que pareciam sempre querer buscar algo da minha intimidade – certas sequências do meu DNA, sendo que também retiram amostras de DNA de outros humanos –, além da minha submissão aos seus desígnios.

Sentia vergonha pelas "nulidades" nas quais os meus irmãos e irmãs terráqueos haviam sido condicionados a acreditar, pois mesmo aqueles feitos "deuses" pela ingênua crença religiosa das gerações mais modernas de humanos, pareciam ser os "financiadores" – e realmente foram – do que estava acontecendo com "alguém do meu tamanho" e com os meus contemporâneos, ainda que poucos soubessem dos abusos e das abduções contínuas desde os tempos de Jacó e das doze tribos de Israel.

Do mesmo modo que muitos terráqueos procedem com ratos, macacos e demais irmãozinhos biológicos nos laboratórios, os **"Anjos do Senhor"** tratam os seres humanos, o que também ficou evidente quando, com toda naturalidade, inseminaram artificialmente uma menina humana virgem – Maria, que viria a ser a mãe de Jesus –, com cerca de quinze a dezesseis anos, e a jogaram às possibilidades dos eventos futuros, decorrentes dessa mudança repentina e imprevisível na sua vida. E isso ainda é teologicamente considerado como um privilégio por ser a **"escolhida de deus"**. Estranho? Haja estranheza! Entretanto, esse acontecimento é visto por todos como sendo algo divinal!

Até agora, carrego comigo a vergonha que esses Seres deveriam sentir, caso tivessem estatura para ostentarem dignidade em algum padrão, aspecto que desconfio que o "Javé bíblico", mesmo com a sua face atual, jamais pôde, remotamente, ter ideia do que isso significa – nem ele nem os que com ele se assemelham e, infelizmente, são incontáveis!

A Cabala ostenta "o mais inconcebível dos enredos" pois, com seus arranjos bem elaborados, entronizou o mistério como sendo "moeda valorosa e sagrada" na compreensão do que diz respeito a Javé e à sua comunhão com os judeus".

Em vez de esclarecer agradavelmente, aqui terei que tornar mais complexo o entendimento sobre os seus diversos painéis, e desde já me desculpo pelas "feridas" que inevitavelmente causarei na sensibilidade de alguém que venha a, porventura, passar os olhos por estas páginas.

O que me consola é saber que são póstumos os resultados da divulgação das obras que produzo e das palestras que realizo, pois penso que as gerações futuras entenderão com mais propriedade o que sei ser inaceitável para a maioria das atuais, influenciadas e mesmo "infectadas" pelos mal-entendidos associados aos **"tortuosos desígnios"** de Javé.

O que a Cabala jamais explicou, ao tratar do tempo cósmico, o enredo do filme *"Lucy"*[10], rico em conhecimento científico, esclarece de modo extremamente feliz:

"O tempo que existe fluindo no universo é o que dá legitimidade

à existência da matéria para que esta se transforme permanentemente!"

Em outras palavras, e agora observando sob a perspectiva da mitologia hindu em torno da *Trimurti* (formada por Brahma, Shiva e Vishnu), foi a Divindade Savna (depois conhecida como "Shiva", quando também passou a viver nesta Criação "indevida") que, em percebendo a "queda" da Divindade Criadora ali denominada "Prajapati" ou "Prabrajna" – que se "reconstruiu" como "Brahma", no âmbito interno da própria Criação –, ofertou a energia *Tamásica*[11], por meio da sua guna mental. Ou seja, a guna *"Tamas"* constitui o tempo que Prajapati (então, como o Criador "caído" Brahma) precisaria para encontrar uma maneira de sair da situação por ela mesma provocada. Este tempo, porém, está limitado à entropia advinda de *"Tamas"*, que garante a finalização de uma Obra que sequer deveria ter sido criada, de tão "vexaminosa" para quem nela se vê obrigado a existir.

Assim, novamente refletindo sobre a temática para que a mesma possa ficar o mais claro possível, proponho o seguinte questionamento: será que esse "tempo universal" não passou a existir somente para dar oportunidade a uma Entidade que se viu compelida a "cair" na própria Criação, poder se libertar dela, pois ficou "prisioneira", como também estão todas as criaturas geradas a partir do seu "Código de Vida Pessoal", inclusive os judeus?

Fico me perguntando se não seria mais honesto os rabinos da atualidade enxertarem os últimos avanços da ciência na "teologia por trás da Cabala", para melhor entenderem o que, corretamente, lá atrás, os rabinos de então afirmaram, conforme o que era possível ser dito nas suas épocas!

Até quando os judeus serão vítimas de um enredo inconcebível, sem que compreendam o desmantelo que a negativa de Jesus em aceitar ser o "Messias violento e poderoso",

prometido por Javé, provocou na lógica dos fatos da ancestralidade judaica?

Na infinita busca pela compreensão da Verdade, convido o(a) leitor(a) a observar, no próximo capítulo, a *"Árvore da Vida"* da Cabala, no sentido de tentar entender os "frutos do conhecimento" que dela surgem.

4

PROCESSO TORTUOSO

A MÍSTICA JUDAICA ANCESTRAL QUE, segundo toda boa mística, pressupõe um conhecimento direto da "deidade" – um tipo de intimidade que o "todo-poderoso" estenderia a alguns, à maneira de um privilégio –, muito sofreria na atualidade, caso pudesse perceber como os antigos padrões da Cabala foram comercialmente transformados em autoajuda.

Originalmente, a Cabala – conforme já informado, esse compêndio começou a ser elaborado nas primeiras décadas do segundo século da Era Cristã, no interior do rabinato judaico, cuja sede de trabalhos era o Sinédrio, situado em Jerusalém – tinha e ainda tem um objetivo esquecido da maioria dos rabinos, o que levou a que, na atualidade, viesse a ser cultuado por pouquíssimos deles, que se têm como guardiães de uma tradição perdida, vinculada exclusivamente ao "deus de Israel", ao "Criador bíblico dos Céus e da Terra", e jamais a outro conceito qualquer que possa ser formulado sobre "Deus".

Para esses rabinos e, notadamente a parcela dos "judeus originais", como muitos pensam ser, Jesus sequer foi realmente o "Messias" anunciado pelos antigos profetas hebreus.

Por quê? Porque, para eles, Jesus foi um "fraco", que não

55

usou seus poderes pessoais, na sua época, para libertar o povo judeu da dominação romana e construir um império na Terra, pois, assim, os terráqueos seriam levados novamente à subserviência ao "Senhor", o "deus de Israel", controle esse perdido desde o "episódio de Adão e Eva".

Uma vez que o "Messias" anunciado era "todo-poderoso" e ajuntaria todas as etnias da Terra sob a liderança do povo "escolhido" por Javé, quando Jesus se deixou crucificar, "assinou", ali mesmo, a não aceitação da sua pessoa como o "Messias" esperado, por parte dos judeus de "sangue puro" da antiga Judeia. Afinal, de acordo com eles, um simples galileu, tido como judeu descendente do cisma – cujo sangue (entenda-se DNA) poderia estar misturado, devido à história das "dez tribos perdidas" do antigo reino de Israel, conquistado em 922 a.C. (antes de Cristo) pelo Império Assírio, que as levou como prisioneiras, obrigando-as a se miscigenaram com outros povos também cativos daquele império –, não poderia ser o "escolhido de deus" para a "tarefa tão zelosamente profetizada".

Quando Jesus descumpriu os termos do "acerto" – anteriormente fixado e anunciado pelos profetas, bem antes do seu nascimento – entre a sua "personalidade cósmica" e o próprio Criador Javé, pois usou os seus poderes para ajudar os "fracos" (aos cegos, leprosos, enfim, doentes diversos) e não para dominar, ao perceber a inclemência com a qual seria tratado, chegou mesmo a pedir a Javé que o "livrasse daquele cálice". Entretanto, de modo aparentemente estranho à lógica humana, recebeu o mais estranho "não" já ofertado a alguém no âmbito desta Criação e, por isso, "derrotado e cruelmente humilhado", morreu como um qualquer, aspecto que o levou a não ser aceito, pelos judeus, como o "Messias" enviado dos "Céus".

O Sinédrio o "condenou à morte" exatamente para que ele não pudesse ser tido como o "Messias" aguardado, o que, convenhamos, foi um plano que deu certo, porque, até os tempos atuais, os descendentes daqueles judeus da Judeia – os antigos saduceus e fariseus que compunham os seus quadros, ou seja, os já citados como sendo os de "sangue puro" – continuam aguardando a chegada do "verdadeiro Messias", só que, desta vez, alguém que seja "forte e majestoso e que impere sobre a humanidade", e não um que se deixe dominar por ela.

Apenas para ilustrar, o **Grande Sinédrio** era a Suprema Corte Judaica, dentre outras funções, cuja fundação sempre foi atribuída a Moisés. Na época de Jesus, era composto por 70 membros, a saber, o Sumo Sacerdote como juiz principal, 23 sacerdotes que compunham a Câmara Religiosa (normalmente, composta de saduceus), 23 escribas que formavam a Câmara Legal (normalmente, constituída pelos fariseus que eram escribas e doutores da lei) e 23 anciãos que integravam a Câmara Popular.

Os judeus tinham extremo zelo para selecionar os membros do Grande Sinédrio. Cada um deles devia ter, no mínimo, 40 anos de idade e já haver ocupado três cargos, pelo menos, na hierarquia interna.

Foi esse o grupo de cidadãos que, então, formava a elite do povo judeu, e que mal deu atenção a Jesus, somente tratando dele em *"petit comité"* (pequeno comitê), manipulado por Anás e Caifás, para mais rapidamente condená-lo e entregá-lo à "justiça romana".

De modo estranho, a "forma ressuscitada de Jesus" passou a fazer, não para seus antigos apóstolos, homens simples da Galileia e também não muito bem-vistos – à exceção de Judas de Iscariote, o único da Judeia e antigo aluno do Sinédrio, que já havia morrido naquela altura dos fatos –, porém para os discípulos mais esclarecidos devido à influência do helenismo, revelações bem diferentes daquilo que havia dito em vida, a respeito de Javé, o "deus de Israel".

Poucos entendem, mas esse **aspecto curioso, produzido por Jesus, foi o deu** origem ao que, atualmente, se conhece como **"gnosticismo"** – um dos muitos ramos do cristianismo primitivo –, que **passou a comparar o "deus de Israel" com a "figura do diabo"**, aspecto absolutamente diverso e bem distante da mensagem anteriormente transmitida pelo próprio "ressuscitado".

Espiritualmente, agora se sabe que essa **distorção** ocorrida no desdobramento do **antigo gnosticismo** foi elaborada, não pelo "Jesus ressuscitado", mas sim, pela reação natural que o descobrimento da Verdade sobre o Criador e sua Obra traz no seu contexto: **o de rejeição imediata ao Ser que quer impor seu controle sobre os humanos desde os tempos de Adão e Eva, conforme a ótica judaica cristã.**

Talvez, por isso, no já referido *"Quinto Evangelho de Tomé"*, um desses livros considerados gnósticos, que incomoda profundamente à Igreja Católica, o próprio Jesus tenha revelado o quão perturbador é, para aqueles que buscam, descortinar a Verdade sobre esta Criação, pelo menos num primeiro momento.

A questão é que **o "rebanho humano" não procura a Verdade porque acredita que já a possui!** Esse também era o problema dos judeus obedientes às suas escrituras.

E essa é a **vitória da ignorância acumulada**, produzida e imposta pelas religiões impositivas aos seres humanos de bom coração e bem-intencionados.

Por que Jesus se referiu ao descortinar da verdade desse modo constrangedor, e não como sendo um evento ou um processo agradável?

Mais ainda: por que ele fez isso na "condição de ressuscitado" e não quando da sua vida entre os homens?

No futuro, isso será melhor compreendido, mas não é este o objetivo central deste livro, pelo que deixo somente a reflexão em torno do assunto, cabendo ao(à) presumível leitor(a) destas páginas a conclusão sobre o mesmo.

Parece que o **"deus de Israel"** também não gostou nem um pouco do que **o "Jesus ressuscitado" estava revelando a seu**

respeito, nem muito menos da escolha que ele fez ao eleger Saulo de Tarso – que assumiu o pseudônimo de "Paulo" após a sua conversão ao cristianismo – o propagador da sua doutrina. Por quê?

Paulo excluiu Javé de qualquer importância no processo histórico dos judeus, dando ao "Messias" um realce que o Criador não aceitava, principalmente em relação ao conceito de "Jesus, o Ungido, o Cristo", mais tarde adotado pelo catolicismo, que o elevou à condição de "igual a deus" quando da formulação da "Santíssima Trindade".

Em contrapartida, nessa "peleja" (a *"Lila"*) entre esses Seres, que de jeito estranho vinha se desenrolando desde o início desta Criação Universal – as religiões não divulgam esse aspecto, mas muitas mitologias, como a hindu, elaboradas bem antes das próprias religiões, abordam abertamente –, **Javé resolveu revelar a Cabala aos judeus**, como maneira de se contrapor ao cristianismo, que se transformaria em catolicismo, mais tarde, e que fugira, em parte, aos seus desígnios.

Portanto, tive que ressaltar, além da conta, as circunstâncias que levaram Javé a elaborar o conjunto das metáforas que compõem os postulados cabalísticos, para poder deixar absolutamente claro o caminho tortuoso do seu "modo de ser" ao lidar constantemente com o controle que ele sempre pensava que conseguiria implementar entre os humanos, sem jamais o conseguir efetivamente.

Ele e seus Anjos formularam, por meio de alguns poucos humanos, o **"esquema *sefirótico*" da "Árvore da Vida" da Cabala**, por meio de superposições de diferentes contornos, cada um deles sendo um painel distinto e precioso a ser percebido pelos estudiosos. Emergem também revelações que apontam para correspondências diversas, que unem os seus 10 elos, as *"Sefiroth"* (plural de *"Sefirah"*, que significa "Esfera"), **sínteses profundas** em torno dos **padrões cósmicos e metafísicos**, além da **associação do microcosmo com o macrocosmo.**

Ao longo deste livro, vou procurar evidenciar cada um desses panoramas, que podem ser estudados como se aparentemente isolados em relação ao todo, notadamente os que interessam ao processo de entendimento do *"Tzimtzum"*, que é o tema central da presente abordagem.

Além de diversos rituais secretos e de orações para fins determinados, uma das maneiras simbólicas mais notáveis que se relaciona com a Cabala, em relação à "**Árvore da Vida** *sefirótica*", é o jogo de naipes denominado *"Tarô"*, base ancestral dos demais jogos de cartas que conhecemos no Ocidente.

Originalmente, o *Tarô* se refere a um jogo composto de 78 cartas ou naipes, que se encontram repartidos em dois grandes maços nominados "**Arcanos Maiores**" (com 22 cartas) e "**Arcanos Menores**" (com 56 cartas).

As 56 cartas dos "**Arcanos Menores**", por sua vez, dividem-se em dois maços de 16 e de 40 cartas, respectivamente, cuja significação e simbologia são conhecidas pelas associações aos chamados "Quatro Mundos ou Planos Cósmicos" apontados pela Cabala, a saber, *"Olam ha Atziluth"*, *"Olam ha Briah"*, *"Olam ha Yetzirah"* e *"Olam ha Assiah"*, os quais explicarei mais adiante, só que sob outra perspectiva mais específica. Contudo, em termos do *Tarô*, aqui emergem as figuras do "Rei de *Atziluth*", a "Rainha de *Briah*", o "Cavaleiro de *Yetzirah*" e a "Dama de *Assiah*". Num outro contexto, têm-se os quatro elementos (fogo, ar, água e terra), além do jogo de relações que pode ser estabelecido entre esses distintos símbolos da Alquimia.

Já os "**Arcanos Maiores**" relacionam as suas **22 cartas** às **22 letras do enigmático alfabeto hebraico** e ainda aos **22 canais** que unem, entre si, as **10** *"Sefiroth"* da "Árvore da Vida". Estes 22 canais representam as passagens entre as 10 esferas cósmicas simbolizadas pelas 10 *"Sefiroth"*, e o significado disso se encontra muito além do que a capacidade humana pode vislumbrar.

Sobre esse aspecto, sou obrigado a pensar que alguns

painéis da Cabala jamais foram vislumbrados como os seus Arquitetos pretendiam, pelo fato da fé e do romantismo humanos terem levado suas buscas numa direção nunca pretendida pelo Criador, como veremos ao longo deste livro.

De todo modo, o *Tarô* representa o contexto possível de um jogo interno das relações da "Árvore da Vida" como sendo o esquema fundamental da Cabala e de um tipo de "Mapa Universal" que contém o papel de cada ser, inclusive e, principalmente, o humano.

Há uma outra "peleja" sendo jogada, na qual muitas Entidades Avatáricas, só que nos moldes da mitologia hindu, foram engendradas, e cujos padrões de consciência resultaram do trânsito das informações e das comunicações "genéticas" entre os potenciais de algumas das 10 *"Sefiroth"*, que abordarei adiante.

Infelizmente, poucos cabalistas perceberam alguns desse painéis, mas pelo que pude estudar das diversas vertentes que, atualmente, pretendem compor a Cabala, muito ainda resta por ser vislumbrado.

Desse modo, retomando o curso da presente abordagem, vou fixar mais uma vez o que entendo ter sido o "marco zero" de uma das mais enigmáticas revelações já feitas por Javé e seus Anjos especialistas em muitas matérias.

8ª Constatação:
A Cabala foi, na sua etapa mais remota, elaborada paralelamente ao surgimento do gnosticismo, ao longo dos três primeiros séculos da Era Cristã, como maneira de reafirmar o poder de Javé sobre os humanos e, em especial, sobre os judeus, resgatando, assim, o antigo sentimento do misticismo judaico, que ratificava o "modo teísta" do "deus de Israel" agir para com a humanidade.

Outras fontes apontam que as raízes da Cabala teriam

surgido cerca de seis séculos antes da vida de Jesus, o que, particularmente, não tenho como concordar. Por outro lado, os judeus apontam que o *"Sepher ha-Zohar"* apareceu no século XIII, o que não implica que essa versão não se refira a outra bem mais antiga, como a que citei, formulada pelo rabino Shimon Bar Yochai.

Assim, conforme defendo, o ***"Zohar"*** é o trabalho fundamental da literatura cabalista e do misticismo judaico, que passa por uma revelação de Javé dada ao rabino Shimon Bar Yochai e aos seus discípulos escolhidos, que viveram entre a segunda metade do primeiro século e a primeira metade do segundo século da Era Cristã. Conforme as informações disponíveis, o rabino Yochai teria deixado este mundo no ano 160 d.C. (depois de Cristo), sendo desconhecida a data do seu nascimento.

Essencialmente, a Cabala consiste de uma coleção de comentários místicos sobre a *"Torah"*, escritos parcialmente em aramaico e hebraico medieval. "O *Zohar*" trata da natureza de Javé – tido como Deus –, da cosmogonia, da alma, do pecado, da redenção, do bem e do mal, do "Eu verdadeiro", e da relação entre a energia universal e o homem.

Devo ainda ressaltar que não são poucos, entre os judeus, notadamente no meio acadêmico judaico, que desconsideram a Cabala, classificando-a como um tratado pseudoepígrafo, de menor importância ou mesmo sem validade nenhuma.

Para Javé, o que nós entendemos como misticismo, talvez represente a "sensação psíquica" que possa unir os humanos ao seu controle ou, em outras palavras, crie uma relação de dependência da humanidade para com os "deuses" (no caso, Javé e os seus "Anjos").

O cineasta português Manoel de Oliveira[1] configurava o místico como uma pessoa que "sente saudades de deus", o que, em sendo verdade, já marca inescrupulosamente o "dependente", sem qualquer outra opção psíquica.

A "pancada dualista" determinada pelo fluxo incessante imposto ao psiquismo humano como se pretendendo limitar as suas opções no trato com a concepção de "deus", na qual apenas são válidas as sensações superlativas de gozo (êxtase, ao se alinhar com o conceito de "encontro com deus") e de agonia (ao se sentir afastado dessa ligação), deixou a humanidade atordoada até estes tempos atuais.

Para o místico espanhol católico São João da Cruz[2], essa agonia é de tal monta que os seus poemas expressos em *A Noite Escura da Alma*", atestam-na como sendo **sem cura possível**, a não ser por meio da "entrega mística".

Assim, a Cabala é o "coração" e, ao mesmo tempo, o "cérebro" da mística judaica no seu sentido mais superlativo da "entrega a deus", e não a qualquer um deles, mas sim, ao "deus de Israel".

Esse aspecto da vida judaica foi exportado para as outras religiões pelas quais a influência desse Ser, ou ele próprio, tenha feito passar a sua "assinatura".

Atualmente, o pressuposto de "possuir um conhecimento direto com deus" parece ter se transformado em algo meio que comum – principalmente para pastores exaltados e hinduístas extasiados –, ainda que **o conteúdo que venha dessas conexões seja tão simplório que deveríamos nos perguntar como Deus investiria seu tempo para produzir tão pouco** em termos de auxiliar suas "ovelhas desgarradas" terráqueas.

Tão modesta é a produção de ideias e de esclarecimentos vindos dessas conexões, que muitos críticos do misticismo fácil apontam que somente pessoas incultas e simplórias disso cuidam, pois estes agentes sempre transmitiriam o mesmo "recado de deus" no contexto de suas crenças particulares, como "rezar mais para este ou aquele santo", "fazer penitência", "obedecer a isso ou aquilo", o que, convenhamos, **não seria necessariamente Deus que precisaria fazer tanto para transmitir tão pouco e sempre mais do mesmo.**

Esclareço que, nessa altura da vida e dos eventos ao meu redor, sou forçadamente, talvez, um dos poucos humanos a ter um estranho tipo de certeza que a "minha pequenez" não deveria apresentar, por mais que eu me esforce em não a possuir no meu psiquismo: nenhum ser humano jamais esteve sequer perto de possuir tal conexão, pelo menos, com o "Verdadeiro Deus", que nada manifesta a respeito dessas patetices.

Não digo com e em relação a Javé, pois sei que isso é possível, uma vez que esse Ser nada tem de divino. O que afirmo sobre o "Verdadeiro Deus", o faço no tocante ao "Incognoscível", o único a merecer esse epíteto que foi desgraçadamente vulgarizado pelos terráqueos e outras espécies ditas inteligentes.

Muitos confundem suas sensações e êxtases referentes a um outro tipo de conexão com seres situados além da nossa compreensão, conforme penso ser o caso do Criador – deste universo e de um outro, que lhe é adjacente –, confundido com "Deus". Entretanto, não é, como já referido. Longe disso, faço questão de ressaltar novamente!

Nossa ignorância, porém, é de ordem tão superlativa, que esse engano perdura desde todo o sempre da História da Humanidade, ou seja, confundir "Deus", o "Verdadeiro" – pois realmente parece existir tal Ser –, com um Criador "problemático", tem sido o triste e equivocado enredo de um tresloucado e criminoso roteiro imposto aos humanos terrestres e a outras civilizações cósmicas.

O êxtase de diversos místicos da História Humana – santos existem em todas as religiões, pelo menos para seus adeptos, e muitos desses homens e mulheres santificados pela crença popular, viveram de modo incomum – pode também ser direcionado para esta vala comum de se ter confundido o contato com espíritos, seres extraterrestres e extrafísicos, dentre outros níveis de protagonistas da vida para além das fronteiras que conhecemos, com o sempre buscado, mas nem de longe vislumbrado, "Deus", o "Incognoscível".

Sob essa perspectiva – caso esteja correta a minha análise –, somente nos resta mesmo o misticismo como maneira de continuarmos a acreditar em propositura tão longínqua de se aproximar da Verdade ou de alguma aferição possível da sua face. Contudo, as religiões sacralizaram essa esquisitice do êxtase, e **muitos se creem "íntimos com Deus", e quem nisso acredita é porque professa a ignorância, travestida de fé, como sendo a sua "lente de vestir" a Verdade do jeito que lhe é agradável.**

Desse modo, é sempre bem mais fácil julgar que já a encontrou, por esquisita que ela possa ser ao próprio senso crítico humano.

Conforme aponta o cientista Trinh Xuan Thuan[3], *"o homem não representa mais do que um piscar de olhos na história do universo"*, tão rápida é a sua vida. Ainda assim, tempo virá em que algo muito estranho será percebido: parece convergir para a Terra o remanescente da História Universal, até este momento, para se unir com o que se conseguiu construir no campo do entendimento da natureza humana, de modo que, desse processo, possa emergir um "primeiro modelo" de uma "compreensão adulta" sobre o que teve lugar lá atrás, no *"Tep Zepi"* – tempo primevo ancestral, em que a vida se desenvolveu num universo vizinho ao nosso, e somente depois, veio transferida para cá –, de cujos desdobramentos surgiu o compêndio mitológico e religioso que conhecemos.

Muitos dos "mundos e dimensões existenciais" a que a Cabala se refere compõem esse contexto *"Tep Zepi"*, aspecto que será abordado mais adiante.

No caso dos judeus, talvez o povo da Terra que mais sofreu lavagem cerebral para aceitar, acreditar e mesmo honrar o fato de ter sido efetivamente "escolhido" pelo "deus" mais forte dentre todos que, naquela época, por volta de 4 mil anos atrás, ainda disputavam, vamos dizer, ferozmente, quem se apresentaria como o "vencedor" de todas as contendas havidas ao longo dos últimos 40 mil anos, pelo menos.

Enquanto Shiva (assim chamado pelos hindus) estava sendo o "deus-protetor" de etnias na Ásia, os olimpianos Zeus, Poseidon, Apolo e Atenas (conforme ficaram conhecidos no âmbito da mitologia grega) reinavam sobre cidades e regiões do que, atualmente, denominamos de "Eurásia" (composta pelos continentes europeu e asiático), e os clãs dos Nephelim, chefiados pelos irmãos Enlil e Enki, disputavam terras nos seus domínios da África, Javé voltava a se alinhar, por essa época, com os descendentes da linhagem de Noé, via seus filhos Sem, Cam e Jafé, e notadamente, Abraão, Isaac e Jacó – descendentes da linhagem de Sem –, chegando aos dias de Moisés, que se transformou no "escolhido" daquele momento, para libertar os descendentes das 12 tribos de Jacó, que se encontravam prisioneiras no Egito.

Nesse ponto da história dos hebreus, acontece o momento de maior intimidade entre eles e o seu "deus" com seus Anjos, quando estes os liberam da escravidão e, tomando Moisés como guia, são conduzidos pelo deserto. Foi nessa oportunidade que os cinco primeiros livros que viriam a compor as escrituras hebraicas mais importantes – pois revelava os "termos da Aliança" daquele povo "escolhido" com o "deus dos exércitos" –, foram entregues a Moisés por Javé e seus Anjos, no contexto das "Tábuas da Lei" recebidas pelo líder hebreu no Monte Sinai.

Surgiu, assim, a *"Torah"*, composta pelos cinco livros da "Revelação de Javé" ou o chamado *"Pentateuco de Moisés"*, a saber:

- **Gênesis** – que narra a história do mundo, do homem e a dos patriarcas, pretensamente contada pelo próprio Criador;
- **Êxodo** – narra a fuga dos hebreus do Egito;
- **Números** – traz o recenseamento do povo judeu e pormenoriza os rituais e a vida social;
- **Levítico** – aborda as práticas sacerdotais; e
- **Deuteronômio** – apresenta os discursos de Moisés e um código de leis familiares, civis e militares.

Muito tempo depois, no século IV da Era Cristã, esses cinco livros foram agrupados como sendo os primeiros a compor o *"Antigo Testamento"*, da *"Bíblia"* – a versão em latim, chamada de *"Vulgata"* –, porque o cristianismo não era mais perseguido pelo Império Romano nessa época, tendo mesmo se transformado na sua religião oficial, denominada "católica, apostólica, romana", que precisou produzir, no seu próprio idioma, toda a história do seu mais novo "herói" – Jesus –, que foi tratado como um bandido na Palestina, por Pôncio Pilatos, o representante de Roma, tanto que foi crucificado.

Para a visão romana, qual foi um dos aspectos mais importantes, referente ao *"Antigo Testamento"*, a ser ressaltado?

Os romanos não queriam misturar a origem judaica do seu "herói" com as descrições de um "deus" nervoso, feroz, furioso e injusto para com os demais povos da Terra, devido à sua preferência pelos judeus, que "mandava matar crianças a fio de espada", e que havia insistido na própria crucificação do seu "Messias", obrigando Jesus a "beber daquele cálice", aspecto que ninguém entendia.

Como, então, distinguir o "herói" do "deus detestável" que o patrocinou?

Foi assim que surgiu a ideia dos padres romanos – na verdade, de Jerônimo, bispo de Alexandria – de separar a história dos judeus e do seu "deus", colocando-a no compêndio da "Velha Aliança" ou "Velho Testamento", da história de Jesus, elaborando um outro, somente sobre ele e a sua proposta chamada de "Nova Aliança" ou "Novo Testamento".

Se para os romanos, agora, Jesus era o "herói" a ser cultuado e mesmo o "deus" a ser adorado, para a elite judaica congregada no Sinédrio, que comandava os diversos segmentos de um povo espalhado pelo mundo afora desde o cisma ocorrido entre as 12 tribos, há cerca de 922 anos antes do tempo de Jesus, aquele homem não poderia ser jamais tido como o "Messias todo-poderoso", anunciado por Javé e pelos profetas do passado.

Os "judeus da Judeia" nunca gostaram da atitude dos padres da Igreja de Roma, quando estes tomaram a *"Septuaginta"* – versão grega dos principais livros hebreus – como base, transformando-a, em quase toda sua totalidade, na "história do herói" que passaram a cultuar, pois aquele judeu chamado "Jesus" tinha sido tão somente um fracassado para eles.

Todo esse contexto aconteceu porque o polemista de Alexandria, Jerônimo, escolhido por Dâmaso – bispo da igreja de Roma, que aspirava se tornar o primeiro papa do catolicismo – entre os anos 378 e 382 d.C., havia decidido utilizar a antiga versão helênica dos livros hebreus, iniciada sob o reinado de Ptolomeu II, na primeira metade do século III, e concluída por volta do final do século II, antes da Era Cristã.

A versão grega *"Septuaginta"* foi produzida pelo trabalho de 72 tradutores, seis de cada uma das 12 tribos de descendentes de Jacó, que foram enviados a Alexandria pelo sacerdote Eleazar, para traduzir do hebraico para a língua grega, os principais livros da memória dos hebreus.

Os tradutores substituíram vários aparentes antropomorfismos do "deus de Israel", que existiam em hebraico, por circunlóquios sem importância, pois nada acrescentam ao texto. Não sei até que ponto as redundâncias que passaram a existir nas páginas da *"Septuaginta"* **não destruíram alguns detalhes reveladores de como Javé havia se comportado e**

mesmo aparentado agir dessa ou daquela maneira, com o intuito de se mostrar humanizado.

Essa versão ficou conhecida como a *"Bíblia dos Setenta"*, ou *"Septuaginta"*, confeccionada em 70 dias, para passar a compor, então, a grande biblioteca de Alexandria.

Por ordem de Jerônimo e aceitação de Dâmaso, como já ressaltado, surgia, doravante, o *"Antigo Testamento"* (sem *"O Livro de Enoch"*, que existia na *"Septuaginta"*), como tradução, em latim, da *"Bíblia dos Setenta"*, com o "deus esquisito", porém louvado por muitos, e a situação ambígua de um homem, feito "deus" pelos romanos, mas que, para os seus irmãos de raça judaica, jamais passou de um derrotado.

Por mais difícil que seja de se concluir quem está no comando de um processo tão estranho e tortuoso – se é que efetivamente existe alguém –, no qual os textos em hebraico, aramaico, grego e latim foram sendo produzidos sobre um mesmo contexto de eventos, Roma objetivava apresentar a sua *"Vulgata"* como sendo **a versão (latina) oficial, mas esta nunca foi aceita pelas outras partes,** nem por todos os núcleos internos de cada um desses segmentos de crença, nem muito menos pelas igrejas católicas da época.

Como se não bastasse toda essa confusa situação, esse "deus" promulgou a Cabala como sendo **sua "revelação final" para os judeus** e, cerca de três séculos mais tarde, resolveu ainda escolher os povos árabes, inimigos dos judeus, para formularem o *"Corão"* (ou *"Alcorão"*), fazendo crer, a estes últimos, que aquela era a "revelação correta" e, portanto, a última a ser produzida por ele. Dá para entender?

"Tortuoso" é pouco para bem retratar o quanto foi torturante, ultrajante e mesmo criminoso para a sensibilidade humana, conforme penso, servir de "cobaia" para essas experiências, com base em "desígnios malucos" de um Ser que conseguia até "sentir arrependimento" depois dos atos que obrigava os humanos a fazerem, ou dos que ele próprio fazia, como deixou registrado.

Conforme já afirmado anteriormente, nem mesmo a Cabala escapou da vulgarização do mau uso da teurgia, que terminou por **confundir os "grandes mistérios"** referidos pelos iniciados de todas épocas, com as **questões menores da vida.**

Falando em "grandes mistérios", esses não são "maravilhosos", por mais que os iniciados de muitos momentos históricos assim tenham afirmado, levados pelas suas boas intenções. Os mesmos são desgraçadamente "problemáticos", e por isso o "Jesus ressuscitado" afirmou que, junto com o vislumbre da Verdade, inevitavelmente, vem o espanto.

9ª Constatação:
Um dos mais sérios problemas do psiquismo é que a ingenuidade humana foi levada a enxergar o bem e a beleza onde somente havia (por trás da "camuflagem") necessidade e vileza, ao se perceber o "sagrado" onde era somente "podridão virótica" se movimentando no sentido de sobreviver e de buscar mais complexidade, como acontece até agora. Não se compreendeu que a natureza era e é um organismo desesperado, em busca de sofisticação genética para poder sobreviver até se resolver por si mesma, frente a um "mistério" sobre o qual ela – os seres vivos que a compõem – ainda não tem a devida consciência.

A partir dessa definição da elaboração da *"Vulgata"* à moda agostiniana, a natureza e a Criação como um todo, além do "deus Criador", tornaram-se obrigatoriamente "perfeitos" para o crente, e coitado daquele que duvidasse disso, pois iria para o **"inferno", que mesmo inexistente nas "Bíblias", seja a judaica ou a católica, terminou sendo criado pelas respectivas teologias,** como modo de educar os fiéis.

Muitas comunidades judaicas, a partir dos séculos V e VI da

Era Cristã, perceberam que determinados núcleos católicos, mesmo possuindo a sua "Santíssima Trindade", estavam se referindo ao "deus bíblico" como sendo também o "deus perfeito dos católicos" – o que contrariava outras linhagens católicas, que queriam distância do "deus bíblico". Isso levou a que, mais e mais, os núcleos cabalistas de etapas anteriores ao grande momento da publicidade da Cabala – o que se daria no século XIV –, passassem também a louvar o Criador como sendo "deus", nas suas práticas cabalistas.

E assim, até os dias atuais, veio essa "cegueira" que sempre pautou o psiquismo dos que, por não visualizarem o absurdo que constitui o louvor e a crença em um "Ser apequenado e doente", transformaram tais manifestações em devoção a "deus"!

Sancta simplicitas!

5

O JUDAÍSMO E A CABALA

Ser ou não "judeu judaico"!?

Yoram Kaniuk[1], escritor israelense, ganhou na justiça o direito de ter carteira de identidade sem registro de crença. Esse foi um fato histórico porque confrontou a não separação entre religião e estado e o uso do judaísmo – no seu aspecto religioso – por fascistas.

Em outubro de 2011, Yoram Kaniuk afirmou, citando David Ben Gurion, o fundador de Israel:

"Cansei do controle da religião neste país. É um ciclo perigoso: os religiosos se fortalecem politicamente e impõem mais e mais a religião sobre nós. Lutei pela criação deste país. O objetivo não era um Estado judeu. David Ben Gurion não sonhou com isso, ele não acreditava em religião. O que ele queria era um lar nacional para o povo judeu."

Reproduzi as ponderações de Kaniuk para tentar ressaltar quão difícil é, para os judeus, separarem a sua situação no mundo, da questão da subserviência ao "deus Javé".

A complicação é que o Estado Judeu não reconhece a nacionalidade judia sem a religião!

Será que Freud[2] explica?

As origens familiares de Freud eram **hassídicas**, referentes a uma **corrente mística**, estabelecida no Leste Europeu, no **século XVIII**, pelo rabino **Baal Shem Tov**[3].

David Bakan[4], professor de Psicologia da Universidade de York, no seu livro *"Freud and the Jewish Mystical Tradition"*, declara:

"Freud operou uma secularização da mística judaica e a psicanálise pode ser vista como tal secularização. Ele temia que, no contexto de racismo vigente na Europa de então, indicar suas fontes judaicas, ainda que não ortodoxas, exporia a psicanálise à fatal oposição. Não teria sido por outra razão que ele insistiu na unção de Carl Jung, o único não-judeu do círculo inicial da psicanálise como seu sucessor. A defecção de Jung causou tanto mais desgosto na medida em que acreditava que o suíço "salvaria a psicanálise."

Freud, em seu último livro, *"Moisés e o Monoteísmo"*, toma como óbvio que *"tudo o que existe hoje deriva de alguma corrente do passado"*. Essa corrente, ou fio condutor histórico, de certa maneira subjacente às origens da **psicanálise**, não é outra senão a **milenar tradição judaica**, mais particularmente **seu ramo místico, a Cabala** – e mais especificamente ainda, tendências heterodoxas desta. Complicando só um pouquinho, em vez de explicar, ele retira da figura de Moisés, um dos membros dessa corrente, a sua condição de ter sido um judeu, ainda que a base histórica dessa assertiva seja sempre motivo de polêmica.

Como atesta o escritor Mateus Soares de Azevedo[5]:

"A visão reducionista da religião por parte do freudismo — pois tem a pretensão de tudo reduzir a fatores psicológicos e de excluir o

intelectual e o espiritual, encarando as expressões da espiritualidade como consequência de uma "sexualidade reprimida" — não se limitou ao campo judaico, podendo-se constatar operações similares também em relação ao cristianismo.

A exemplo do que Jesus teria repassado aos apóstolos, o poder de curar, etc., um psicanalista só se habilita a pôr em prática as metodologias específicas da profissão se antes for psicanalizado ou "iniciado", por outro psicanalista. Quem iniciou Freud? Então ele autocolocava-se como sendo o fundador de uma nova linhagem parareligiosa?

Técnicas do confessionário católico foram igualmente reelaboradas pela psicanálise, em modo secularizante. O caráter rigorosamente individual da sessão, a tese da "transferência" — sejam pecados ou complexos —, o alívio de culpa, e até o próprio posicionamento físico dos envolvidos são alguns dos paralelismos.

O homem é reduzido pelo freudismo ao plano físico-animal. A sua antropologia reducionista transformou o homem, em última instância, no "id", a parte instintiva, animal e irracional, oculta por trás da máscara da racionalidade — id que se constitui, assim, no cerne de nosso ser, como Freud sustentou.

Mircea Eliade, em "No Souvenirs", 1977, o historiador das religiões romeno afirma que a "psicanálise justifica sua importância dizendo que ela nos força a olhar para a realidade e a aceitá-la. Mas que tipo de realidade? Uma realidade condicionada pela ideologia materialista da própria psicanálise".

A conclusão a que se chega após ponderar esses elementos é que, a despeito de sua violenta hostilidade à religião — vista por Freud como uma "neurose coletiva" e uma "ilusão" —, ele se utilizou de diversos conceitos e procedimentos dela derivados. Os princípios para a análise dos sonhos e dos atos falhos, por exemplo, devem à gematria. A sessão psicanalística é devedora de técnicas do confessionário. A ideia da "transmissão psicanalítica" vem da "sucessão apostólica". O conceito do complexo de Édipo foi tirado da antiga religião grega. O papel central atribuído à sexualidade deriva da cabala. Influências essas nunca reconhecidas por Freud. Envolvendo toda essa atmosfera, percebe-se também um viés mental antinômico e pessimista, herdado de correntes heterodoxas do judaísmo.

Em síntese, a despeito de sua perspectiva insolentemente anti-religiosa, à psicanálise paradoxalmente se atribui papéis que são espirituais, como o alívio da culpa e a cura de almas, que a obrigam de fato a se colocar como uma sorte de substituto da religião."

Enfim, não é trivial reunir, num só nível de compreensão, o que o judaísmo, o significado das suas "escrituras sagradas", por Moisés recebidas diretamente de Javé, a contribuição posterior de diversos rabinos e o que judeus famosos, como Freud, acrescentaram nessa busca, com suas obras magníficas, ainda que questionáveis.

Esse processo é tão complicado que o historiador israelense Shlomo Sand[6] defende a tese de que não existe um povo judeu nem uma nação judaica. Ele afirma que não há uma origem única entre os judeus espalhados pelo mundo. A versão de que um povo hebreu foi expulso da Palestina há 2000 anos e que os judeus atuais são seus descendentes, seria, portanto, um mito criado por historiadores do século XIX e, desde então, difundido pelo sionismo.

O sionismo, por sua vez, define o judaísmo como um povo, uma nação, e não como uma religião, para que o "povo judeu" tenha direito a uma terra. Povos têm direito sobre terras, mas religião, não – defendem os sionistas!

Um dos aspectos desse problema é que, na Idade Média, a palavra "povo" se aplicava a religiões: o povo cristão, o povo de Deus. Na atualidade, não é mais bem assim.

Ainda segundo essa perspectiva, até meados do século XX, a maioria dos franceses achava que era descendente direto dos gauleses, os alemães dos teutões e os italianos do Império

Romano de Júlio César. Só que diversos historiadores afirmam que isso tudo é mito!

Deixando um pouco de lado o que, atualmente, os judeus possam pensar ou deixar de pensar sobre a sua própria gênese e o desenrolar dos fatos, antes de aprofundar o foco da abordagem sobre a Cabala, faz-se necessária a compreensão das etapas históricas que terminaram por unir uma antiguidade quase lendária às circunstâncias do presente, no qual a nação judaica e seus traços culturais muito influenciam os destinos da humanidade.

O cerne do culto primitivo israelita sempre se assentou na oferenda de sacrifícios a "deus". Os patriarcas faziam oferendas em altares de pedras para comemorar a cada vez que julgavam que "deus" aparecia para eles. Sob a liderança de Moisés, o culto se tornou mais complexo. Os serviços tinham lugar no Tabernáculo – um tipo de altar portátil –, também conhecido como "Tenda de Reunião".

O Tabernáculo continha a "Arca da Aliança", um baú com a "Lei de Moisés" e tábuas de pedra esculpidas com os "Dez Mandamentos". Os levitas, espécies de ministros religiosos e representando uma das tribos dos descendentes de Jacó, eram aqueles que, após o Êxodo – a saída dos hebreus da condição de escravos em que viviam no Egito –, faziam os sacrifícios. Eles eram os únicos com permissão para montar o Tabernáculo.

Cerca de 300 anos depois, quando Israel se tornou um reino unido em torno das suas doze tribos e do seu primeiro rei Saul, **o Tabernáculo foi substituído pelo "Templo de Salomão"**, quando este sucedeu a Saul e a Davi.

Nesse tempo, há cerca de 3 mil anos, a "Bíblia dos judeus" já existia como sendo a *"Torah"* (*"Orientação"*), composta pelo "Pentateuco de Moisés". Além desses cinco primeiros livros, **as orientações que passaram a ser colecionadas pelos judeus, vieram das escrituras proféticas, salmistas e dos demais**

livros dos mestres de sabedoria, e esse compêndio foi se transformando na base da existência daquele povo.

Há 2 mil e 500 anos, começou a surgir a dificuldade de saber como se poderia aplicar um conjunto de orientações, codificado em textos fixos e estabelecidos como "sagrados", à realidade cotidiana de um estilo de vida que se modificava sempre. A questão, então surgida ao tempo do "cativeiro da Babilônia", era sobre a legitimidade de se ampliar a lei escrita por meio de interpretações e de explicações que pudessem atualizar não só o entendimento como o cumprimento da mesma.

Ao serem libertados por Ciro, o rei dos Persas, retornaram do exílio e reconstruíram o Templo. Foi, então, que houve um novo pacto em torno da obediência à *"Torah"*, quando surgiu uma nova classe de conselheiros e de guias do povo, cujos membros passaram a ser chamados de **"rabinos"**, o que significa "mestres". A tarefa deles era ensinar o significado da orientação constante da *"Torah"*, como também os aspectos da sua aplicação diária.

A cada encontro dos rabinos, novas regras foram surgindo para organizar os critérios desses simpósios, e uma delas obrigava a que nada pudesse ser escrito como lei, o que implicava que tudo tinha de ser confiado ao processo de transmissão oral, sendo passado de mestre para aluno.

Somente poderia existir uma **lei escrita, que foi aquela recebida por Moisés, no Monte Sinai.** Os estudos e os debates entre os rabinos tinham que ficar restrito à modalidade oral.

Assim, a base "sagrada", a "Lei de Moisés", a *"Torah Shebikhtav"*, a **"orientação escrita"**, tinha o seu complemento na *"Torah Shebealpe"*, a **"orientação oral"** dos rabinos.

Quando, porém, no ano 70 d.C., o Império Romano invadiu Jerusalém, e o Templo de Salomão foi destruído, as comunidades dos essênios foram dispersas com a guerra, sendo assimiladas pelo judaísmo farisaico, e os judeus novamente foram obrigados a se espalhar pelo mundo, renovando a antiga diáspora advinda do cisma das 12 tribos descendentes de Jacó, o que provocou uma profunda insegurança no povo judaico sobre a manutenção da transmissão oral como sendo a única maneira de orientação religiosa da vida, já que a mesma não poderia oferecer garantia contra os perigos reais de deturpação.

Foi quando, por volta do ano 200 d.C., que o rabino Yehuda Hanassi assumiu a responsabilidade de ordenar a codificação escrita de tudo o que, até então, constituía a "orientação oral". Essa nova obra recebeu o nome de *"Mishna"*, isto é, "aquilo que se estuda", ou "aquilo que se repete" para, assim, poder ser conservado.

Cerca de um pouco mais de 50 anos antes da formulação escrita das tradições ancestrais do judaísmo, foi que surgiu a Cabala, uma outra codificação.

A **Cabala** pode ser entendida como um vasto corpo de conhecimento místico e esotérico judaico, misteriosamente baseado na inspiração de um homem, o rabino Shimon bar Yochai e de seus discípulos, que foram envolvidos pela poderosa emanação da mente de Javé e de seus Anjos. Contudo, **a Cabala, como é conhecida atualmente no Ocidente, tem uma relação direta com a sua mais recente versão, formulada no século XIV.** Dentre outros aspectos, ela consiste em antigas doutrinas que tratam do **simbolismo místico das letras e dos números.**

Essa Cabala se refere aos hábitos e costumes da educação helênica, à **interpretação pitagórica dos números,** como também com os dos **gnósticos dos primeiros movimentos dissidentes do cristianismo primitivo dos três primeiros séculos.**

Os gnósticos eram estudiosos que procuravam se dedicar à reflexão sobre questões que sempre intrigaram a humanidade, tais como: "quem somos?", "de onde viemos?" e "para onde vamos?".

Os judeus que eram simpatizantes do pensamento gnóstico, basearam-se nas escrituras judaicas para criar um **sistema de informações e interpretações secretas sobre a origem do universo**, visando justamente responder a essas perguntas.

Segundo alguns estudiosos, ao longo dos séculos, esse sistema teria **sofrido influências de elementos místicos** de diversas religiões e filosofias. Do **hinduísmo**, por exemplo, herdou a crença de que as **almas reencarnam**. Dos **caldeus**, assimilou os conhecimentos da **Astrologia**, o que leva certos estudiosos a concluírem que a origem do sistema cabalístico estaria associada aos povos da Caldeia e da Babilônia, uma vez que, destes últimos (os **povos babilônicos**) herdou a crença em **anjos e demônios.**

De todas as vertentes do saber ocidental e oriental, porém, foi o **neoplatonismo**, doutrina filosófica criada pelo egípcio Plotino, no século III, que **exerceu a maior influência** sobre o sistema que, mais tarde, ficou conhecido como **"Cabala".** Plotino acreditava que Deus está além da compreensão humana e que não possui nenhuma representação. Essa ideia combinou perfeitamente com a **tradição legalista do judaísmo**, que enxerga o Criador – que não é Deus – sob uma perspectiva altamente sobre-humana, sem se atrever sequer a nomeá-lo, obviamente ignorando as "esquisitices" que esse próprio "deus" retratou nas páginas da *"Torah".*

Considerado o mais sagrado de todos os livros cabalísticos, o *"Zohar"* (*"O Livro do Esplendor"*) apareceu no início do século XIV, na Europa, como resultado da preocupação de um grupo de cabalistas espanhóis, com a possibilidade da tradição se perder.

10ª Constatação:
Com o aparecimento do *"Zohar"*, o estudo da Cabala se disseminou. Entretanto, em compensação, essa escola de conhecimento perdeu um pouco do seu antigo fascínio esotérico e secreto e, com o tempo, inevitavelmente, sofreu a sua cota de vulgarização.

Uma das figuras mais importantes da Cabala moderna foi **Isaac Luria** que, inspirado no *"Zohar"*, produziu uma releitura da sabedoria místico-judaica, criando a **"Cabala Luriânica"**.

Como o(a) presumível leitor(a) destas páginas pode perceber, a Cabala tem múltiplas faces, e não há mais quem a possa harmonizar como um compêndio monolítico.

A **Cabala** encerra um estudo da relação das letras e dos números na interpretação dos significados ocultos. Há 32 caminhos, ditos místicos, representados pelas 22 letras e dez números hebraicos que, quando combinados, podem ser interpretados de três maneiras: tomar as palavras como acrósticos, atribuir valores numéricos às letras de uma palavra, fazendo relação entre as palavras de mesmo valor numérico, e manipular palavras por meio de anagramas. Mais adiante, abordarei novamente esses "caminhos" sob uma outra perspectiva.

O cabalismo formou uma tendência caracterizada pela busca do êxtase que levaria a Deus e à libertação, e pela procura de **um "Messias" que redimiria o povo e o mundo.** Mais tarde, sob essa influência, surgiriam movimentos como os dos falsos messias e o do hassidismo.

Nesse ponto da cronologia do desenvolvimento do "pensamento judaico" conforme observado nos tempos atuais, foi reforçada ainda mais a ideia de que Jesus jamais poderia ter sido o "Messias" profetizado. Como os profetas não erram, nem muito menos Javé, a solução para o impasse ficou assim estabelecida: ninguém errou e a questão é a de que simplesmente ele ainda não veio!

Além dos *Grimórios* (figuras e palavras mágicas), a **Cabala** é considerada como um poderoso mecanismo de conhecimento e poder por muitos estudiosos.

Alquimistas e cientistas, utilizando a Cabala e a ciência, respectivamente, estariam mesmo fundindo os conhecimentos secretos dessas "ferramentas", chegando às grandes descobertas humanas.

Já há muitas décadas, essa **elite de estudiosos** formaria uma ordem que estaria mesmo caminhando para revelar a verdadeira essência desses sinais – ou seja, aqui estou me referindo a um grupo de pessoas, em sua maioria sionistas, que estão permanentemente **"conspirando para descobrir a Verdade"**.

O mago cabalista acredita que o homem é uma réplica em miniatura do universo e de Deus e que ele necessita expandir a si mesmo, espiritualmente, para se tornar igual a Deus, o que penso ser problemático, por diversos aspectos.

O primeiro reside na perspectiva de que, se o tal "Deus" for Javé, estimo que, em algum momento, os meus irmãos judeus percebam que esse projeto não deve constituir o que de melhor se pode almejar para a condição humana, pois, conforme fui obrigado a deduzir, o próprio Criador está procurando se humanizar, e por uma razão bem simples: a situação de seu jeito de ser não é lá muito boa.

O segundo é o de que o conceito de "Deus" que podemos formular, por modesto que ele seja, penso que o que de melhor podemos desejar é um dia nos tornarmos unificados a ele, o que não significa "ser igual", porque, convenhamos, a ancoragem da condição humana num corpo animal, transitório e com necessidades primitivas não nos qualificam a tanto, ainda que o "Eu humano", desde que se habilite, encontre-se livre para ser o que desejar.

Por muito tempo, a Cabala permaneceu restrita ao círculo dos hassidins, tratada como um **"saber secreto e de elite"**.

Durante cerca de centenas de anos, seus ensinamentos só poderiam ser recebidos por aqueles que atingissem o quarto nível, referente à *"Torah"*:

- 1º nível: "Peshat" – estudo das leis, conforme seus significados literais;
- 2º nível: "Remez" – estudo com ênfase no significado alegórico, ou seja, no que havia por trás do significado literal;
- 3º nível: "Derush" – estudo interpretativo, buscando a descoberta do significado, com a percepção das metáforas e das alegorias em forma de mensagens; e
- 4º nível: "Sod" – estudo interpretativo, buscando a descoberta do significado místico e metafísico (nível normalmente alcançado por exegetas, rabinos e aspirantes à Cabala).

Formou-se, então, um **sistema filosófico e místico tão complexo** que já não se tornou mais necessário cuidar para que quase ninguém o penetrasse, pois só poucos, realmente, estariam capacitados a isso.

Para alguns outros estudiosos, a verdadeira **Cabala** significa a **prática de conhecimentos esotéricos por meio da palavra falada.** Para esses, é um conhecimento que proclama ser de origem celestial e ter chegado aos hebreus através dos Anjos.

Novamente, contextualizando para uma melhor compreensão do(a) leitor(a), a Cabala, atualmente, é vista como uma coleção de obras cujas origens são misteriosas, e cada componente acredita na gênese causativa no campo da revelação que mais lhe aprouver e for conveniente à manutenção dos seus ritos.

As obras mais importantes da Cabala são:

- *"Zohar"* ou *"O Livro do Esplendor"* ou, ainda, *"O Livro da Radiância"*;
- *"Midrash"* ou *"O Livro da Iluminação"*; e
- *"Sepher Yetzirah"* ou *"O Livro da Criação"*.

Cada um deles contribuiu para a compreensão geral do Criador "caído", que foi assumido pelos judeus como sendo o "deus" nacional, do entendimento das origens e do destino da humanidade e da Criação, de maneiras diferentes e complementares.

O *"Sepher Yetzirah"* é a obra mais misteriosa, e alguns estudiosos defendem e mesmo acreditam que ela foi "recebida" por **Abraão**, há cerca de 3800 anos antes do presente, o que, particularmente, não disponho de elementos ou indicativos que me permitam concordar – diferente disso. A época da vida de Abraão se situa muito tempo antes da decisão de Javé de revelar o contexto interdimensional do seu pressuposto poder de mando, o que me leva a pensar que a "gênese" referida no *"Sepher Yetzirah"*, descrita anteriormente, não tem o menor sentido.

Das histórias estranhas que aconteceram com os ancestrais dos judeus, a única que sou meio que obrigado a aceitar como procedente – por insistência da forçada convivência com o Criador e seus Anjos – é a de que, efetivamente, conforme já relatei, Moisés compilou as leis e orientações recebidas de **Javé** e produziu a *"Torah"*, ou se quisermos, ele recebeu, dos Anjos do Senhor, a chamada "Bíblia dos judeus" pronta e acabada.

Esse calhamaço de leis, a *"Torah"*, parece guardar "informações valiosíssimas", pois, nas suas entrelinhas, das milhares de normas existentes nesses cinco livros que a compõem, **613 delas seriam especiais**, e por isso caberia ao **"Messias" identificá-las** – Jesus se propôs a fazer isso e, se mais não fez, foi porque morreu muito cedo – e revelar todos os mistérios da criação do mundo, nelas codificados.

Quanto à história de que Moisés também teria recebido de Javé os ensinamentos originais da Cabala, penso ser somente uma das muitas versões sobre sua origem.

Há até quem diga que **Adão** foi o primeiro a ter acesso a essa sabedoria e que, depois, a transmitiu aos homens do patriarcado hebreu, notadamente a Enoch, a Noé e à sua descendência. Outros acreditam que um Anjo a teria revelado ao misterioso sacerdote **Melquisedec**, que a repassou a **Abraão**. Histórias não faltam!

Outras considerações que se poderia ainda fazer sobre o tema, referem-se a uma possível e pouco observada "proposta da Cabala", que seria a de reaproximar a ciência material da chamada "ciência oculta" (filosofia oculta), as duas grandes vertentes do conhecimento humano. Matéria e espírito são apenas dois polos opostos de uma mesma substância universal, daí a convergência da Cabala.

O outro ponto que considero mais interessante é o de que, **para o conhecimento cabalístico, a humanidade tem um papel no aperfeiçoamento do Cosmos e na realização da "Personalidade Divina".**

Para explicar como o ser humano está intimamente envolvido no processo cósmico, a Cabala desenvolveu teorias complexas sobre a natureza multidimensional tanto da alma humana quanto do Cosmos e, esse aspecto é efetivamente interessante e importante, por mais difícil que, a princípio, possa ser o entendimento dessa questão. De todo modo, ela está relacionada com o fato de que o Criador "caiu" na própria Obra, dela ficando "refém", o que o obrigou a gerar outras criaturas a partir do seu próprio "Código de Vida", para delas se servir e para poder, então, promover a sua "redenção".

Assim, retomando a nossa ordenação temporal dos eventos estruturadores do judaísmo, logo após o surgimento da **formulação escrita da tradição judaica** por ordem do rabino Yehuda Hanassi e da misteriosa elaboração da Cabala pelo rabino

Shimon Bar Yochai, começaram a ter lugar mais e mais debates em torno da **Mishna**. Foram tantos, que terminaram por produzir, três séculos mais tarde, uma nova codificação que fixou por escrito o resultado dos mesmos, recebendo o título de **"Guemara"**. Esta codificação foi seguida, no século VI, pela formulação do **Talmude**, que significa "aquilo que se estuda", ou "aquilo que se ensina".

Os judeus e seus ancestrais hebreus sofreram bastante pelos constantes conflitos que os obrigaram, em diversos momentos da história, a emigrar para onde as condições lhes permitissem.

Foram tantas as situações de vexame que, no Talmude, encontra-se registrada uma justificativa louvável, talvez a única possível de acalentar os "escolhidos" de Javé: ***Deus espalhou os judeus entre todos os povos da Terra para espalhar a crença num Deus verdadeiro e eterno"***. Sem comentários!

O **judaísmo**, espalhado pelo mundo, foi perseguido do século XII em diante, principalmente pelos católicos. No século XVIII, como maneira de revigorar a religião e o povo, surgiram dois movimentos: o já referido **hassidismo** (baseado nos ensinamentos de **Israel ben Eleazar**, conhecido como o Ba´al Shem Tov, "Mestre do bom nome") e o **caminho de Hascalá**, defendido pelo filósofo alemão **Moisés Mendelssohn** – esse afirmava que os judeus tinham que se adequar à cultura ocidental, se quisessem sobreviver.

Devido às constantes perseguições, o movimento centrou forças na busca de um estado judeu, originando o conceito de **sionismo**, sob a inspiração de **Theodor Herzl**.

Na atualidade os seguidores do judaísmo se dividem em:

- os ortodoxos – que ainda esperam o "Messias";
- os hassidins – cabalistas;
- os reformistas – seguidores de Mendelssohn; e
- os conservadores – ramificação dos reformistas.

Como se pode perceber, não se deve procurar Jesus nas componentes da história judaica, pois ele não é sequer referido como alguém importante.

Os judeus ortodoxos nunca aceitaram – na verdade, nem verificaram – a possibilidade de Jesus ter se recusado a usar seus poderes paranormais no sentido de promover a criação de um império judaico planetário, que deveria começar com a independência dos judeus, subjugando primeiramente o império romano invasor e, depois, o mundo inteiro.

Essa era a linguagem do "império do mais forte", sempre defendida por Javé, e por ele anunciada como aquela que o "Messias" usaria para se fazer vencedor, sendo essa a face que deveria ser dele esperada.

Se um dia verificaram, assustaram-se com **o aspecto de Jesus ter "traído" não só a Javé, como, principalmente, a "destinação futura" do próprio povo judeu**, preferindo não aceitar que o "Messias anunciado" descumpriu as ordens do "deus dos judeus". Por isso, até os tempos atuais, os judeus ortodoxos aguardam a chegada do "Messias" que elevará a condição judaica ao papel de "líder do mundo".

Até que ponto isso é razoável?

O problema é que não existe mesmo nada de decente e de razoável no lento e penoso processo de evolução dos povos terrestres que, "infectados" pelos sentimentos nacionalistas desagregadores e extremados, jamais puderam se enxergar como uma só família.

Que culpa tem Javé nesse processo?

Por que, até agora, as três religiões fomentadas pelas suas "escolhas do momento" promovem guerras e disputas em torno de sabe-se lá o quê?

Jesus preferiu se submeter à crucificação a se deixar levar pelos antigos desígnios de Javé. Chegou mesmo a pedir para ser "poupado de tomar aquele cálice". Inflexível e impiedoso como sempre foi quando no seu estado de fúria – convenhamos, um "deus decente" não era para ser consumido por comportamentos psíquicos dessa categoria –, disse um "não" para Jesus, que o "traíra", e o resto da história, "todos" sabem, menos os judeus ortodoxos.

Será que Jesus, Moisés e, mais tarde, Maomé, erraram ao procurar levar a humanidade para o controle de Javé, cada qual a seu modo?

Todos eles agiram com a melhor das intenções, mas as religiões e visões de mundo surgidas dos seus legados, geraram um padrão de intolerância que precisa ser superado!

Concluindo o presente capítulo, ao se ver "traído" por Jesus e, mais tarde, quando o Império Romano transformou o cristianismo no catolicismo, diminuindo o poder do Criador ou mesmo "sumindo" com a sua expressão, substituindo-a pelo "deus da Santíssima Trindade", Javé cria e fortalece, entre os judeus, o que, atualmente, é chamado de **"Cabala", como estratégia para reafirmar o seu poder** e, mais tarde, afasta-se ainda mais do que havia feito até então, ao promover o islã.

6

OS PLANOS DE EXISTÊNCIA DA CABALA

Muitas são as faces da existência apontadas em diversas tradições esotéricas da humanidade. A Cabala especula, metafisicamente e de uma maneira singular, sobre esse contexto, ainda que, conforme penso, nem mesmo os judeus entenderam a intenção do seu "deus" de predileção quando ele produziu essa revelação.

Alguns estudiosos consideram a Cabala como a "ciência dos signos", uma vez que Javé e seus Anjos se utilizaram deles para produzir um contexto do seu poderio, de modo a impressionar os judeus e demais povos que viessem, um dia, a se utilizarem dos seus mecanismos investigativos.

Rememorando, em termos de "momento histórico", Javé promoveu e fortaleceu a Cabala praticamente no mesmo momento em que o gnosticismo surgia, nos primeiros dois séculos da Era Cristã, que tanto o criticava e o acusava de ser, não um "deus-criador", mas o "diabo" em pessoa! Ele não pôde aceitar isso, e a Cabala surgiu da sua mente como um tipo de reação a esses movimentos que estavam tendo lugar na Terra.

Como podemos, portanto, compreender a Cabala?

Explicando com mais detalhes a razão pela qual o Criador

decidiu promover a revelação que veio a ser conhecida como "Cabala", tal providência tem relação direta com os livros gnósticos recém-surgidos nos dois primeiros séculos do cristianismo, por meio do circuito, não dos apóstolos de Jesus, "judaizados", mas dos seus "discípulos helenizados", coordenados por Maria de Madalena que, por sua vez, era orientada pelo "Jesus ressuscitado".

Muitos desses livros – atualmente chamados de "evangelhos gnósticos" – se referem a mundos (no sentido de dimensões) situados além da condição terrestre, dominados por Arcontes (chefes de "moradas" ou *lokas*") e outros tipos de seres.

Javé, então, por meio dos seus Anjos, decidiu ofertar, ao conhecimento judeu, uma descrição sobre a extensão do seu "império além-mundo", contrapondo alguns dos contextos apresentados naqueles livros, e essa parte da sua revelação responde pelos diversos planos de existência informados pela Cabala. Utilizou, para tanto, a metáfora do que passou a ser conhecido como a **"Árvore da Vida"** e as ***"Sefiroth"***.

Para muitos, a **"Árvore da Vida"** – **um dos símbolos cabalísticos fundamentais** – **é um diagrama da emanação do universo a partir do "Uno"**, a "Unidade Deificada" escondida por trás de tudo que existe nesta Criação.

Outros a veem como sendo um plano para permitir ao homem a **escalada das dez *"Sefiroth"*** que compõem a "Árvore da Vida", e representam as **dez "Emanações da Divindade"**, os dez aspectos do universo manifestado, constituindo a chave para decifrar os mistérios da **Cabala**, até atingir a "União com Deus".

Ao mesmo tempo, seria um **"diagrama cósmico"**, revelando a estrutura do universo e as interpretações de seus múltiplos fenômenos.

Cada uma dessas dez ***"Sefiroth"*** tem uma quádrupla natureza que se associa com os quatro universos-mundos ou contextos existenciais da **Cabala**, o que está relacionado com a **"Doutrina das Emanações"**, mostrada mais à frente.

Por agora, porém, chamo a atenção do(a) presumível leitor(a) destas páginas para o que pode ser compreendido a partir da lógica do conhecimento humano, em **relação aos quatro universos ou níveis dimensionais** revelados pela Cabala, a saber:

1º nível – *"Atziluth"*: o "Universo ou Dimensão
Arquetípica ou das Emanações", o "Mundo Divino", ou
seja, o que tenho chamado de **realidades da
"Espiritualidade Superior" e da "Espiritualidade
Operacional"**, nos livros que produzo.

Esse é o contexto da "Deidade Suprema", do seu "Circuito da Perfeição". Para aqueles que se encontram inseridos nos níveis dimensionais mais modestos – como *"Briah"*, de onde o Criador se "desgraçou", e nos de *"Yetzirah"* e *"Assiah"*, que se "infectaram" –, é o "Paraíso", que permanece "Imanifestado".

Na perspectiva dos que vivem na Terra atualmente, *"Assiah"* corresponde ao universo no qual vivemos e *"Yetzirah"*, ao universo vizinho, onde se encontra "refém" o Criador "caído".

2º nível – *"Briah"*: o "Universo da Criação" ou *"Khorsis"*, o
"Mundo dos Tronos", ou seja, o que tenho chamado de
**contexto da "Espiritualidade Laboratorial", mais
especificamente como "Perpérion".**

Contudo, no âmbito intencional da revelação da Cabala, *"Briah"* é uma realidade bem mais ampla do que possamos, a princípio, imaginar, porque composta por uma infinidade de "moradas" distintas, cada uma delas sendo um tipo de "portal" para outras faixas de realidades geradas pelos Seres que nelas vivem.

3º nível – *"Yetzirah"*: o "Universo da Formação e dos Anjos", ou seja, o que tenho chamado, a exemplo do que fizeram os *"rishis"* pré-védicos, de *"Brahmaloka"*, ou seja, **o universo antimaterial, paralelo e vizinho ao que vivemos, no qual reside o Criador "caído" *Kether*, também chamado de "Javé" e de "Brahma".**

4º nível – *"Assiah"*: o "Universo da Ação", o "Mundo da Matéria", **o *"Bhuloka"* da mitologia védica-ariana-hindu, o nosso universo físico biológico.**

Por sobre essas quatro dimensões existenciais que envolvem a "Árvore da Vida", existem as forças divinas que se expressam no âmbito dos processos do que os cabalistas denominam como sendo a **"Doutrina das Emanações das *Sefiroth*".**

Os cabalistas afirmam que as três principais *"Sefiroth"*, **que podem ser entendidas como as** "Emanações ou as Manifestações Fenomênicas de Deus", foram projetadas a partir de *"Atziluth"*.

Na essência do que os cabalistas pensam, porém, implica um registro: eles desconhecem, por completo, que as demais tradições esotéricas e mesmo religiosas, anteriores ao conceito do "deus único" dos judeus, sempre conceberam a ideia de que a Criação havia sido obra de três Entidades que se envolveram no momento em que um deles expressou o "Projeto Criativo" e nele "caiu", fazendo com que as outras duas também, posteriormente, "mergulhassem" na mesma, para ajudá-lo.

O "deus dos judeus", ou o da Cabala, refere-se a apenas uma dessas três Emanações. Entretanto, os judeus jamais abordaram a Cabala de modo a contemplar essa possibilidade de análise da "Árvore da Vida" e das *"Sefiroth"*. No caso, a Cabala apresenta os outros três planos como sendo as três dimensões existenciais *"Briah"*, *"Yetzirah"* e *"Assiah"*.

Assim, o que nas demais tradições é chamado de *"eons"*,

"genos" (mitologia grega) ou *"lokas"* (mitologia hindu), Avatares, deuses, semi-deuses, e demais energias ou atributos divinos, convergem para o conceito de *"Sefiroth"* e seus múltiplos sentidos, na revelação da Cabala.

São os desenvolvimentos das *"Sefiroth"* que constituem o que se costuma chamar de "Doutrina das Emanações" no âmbito da Cabala. É como se em cada nível da energia pessoal de uma Divindade acessória, nele residente, fosse gerado um ser especial ou uma força-tarefa para atuar pelos caminhos possíveis às estradas que unem os dez centros focais da "Árvore da Vida".

Sob essa perspectiva, **as *"Sefiroth"* percorrem os entroncamentos da "Árvore da Vida" de cima para baixo, ou seja, dos centros mais sutis aos mais densos e grosseiros,** administrando e conformando a própria estrutura do Cosmos (ou da Criação), que a mesma representa metaforicamente.

Pode-se ainda compreender a "Árvore da Vida" como se dividida em quatro planos, ou níveis hierarquizados, sendo *"Olam Ha Atziluth"* **– que significa a "Dimensão Mais Elevada das Emanações" – o mais alto, e a ele pertencem as *"Sefiroth" Kether, Chokhmah e Binah.***

Nesse ponto da abordagem, faz-se necessário um registro em torno da *"Sefirah Chokmah"*, que muitos cabalistas confundem com *"Hochmah"*, sendo esta tão somente uma outra "Emanação Avatárica" daquela, aspecto muito pouco compreendido pelos estudiosos do ocultismo, já que usam indistintamente esses dois epítetos como se estivessem se referindo a um mesmo Ser.

Nesse ponto, surge a **enigmática *"Hochmah"* ou *"Hokhmah"* – também conhecido como "Sophia", o "Cristo Cósmico" –,** ressaltada por **Salomão**, como sendo a "Personificação da Sabedoria", e que sempre esteve junto ao Criador *Kether* (Javé) desde a criação do universo.

Apenas para ilustrar, essas foram as palavras de Salomão, o

mais sábio dos homens da sua época, dirigindo-se a Javé, "deus" do seu povo:

> *"Mandastes-me construir um templo em vosso monte sagrado e um altar na cidade que é vossa morada, uma cópia da habitação santa preparada por vós desde o início.*
>
> *Convosco está Hochmah, familiarizada com vossas obras e que estava presente quando criastes o universo, ela sabe o que é aceitável por vós e está conforme vossos mandamentos.*
>
> *(...)*
>
> *...Há milênios fui pelo Senhor criada, no começo de tudo, como Seu primeiro ato criador, antes mesmo da Terra, quando não existia o abismo profundo, nem fontes de água, montanhas, colinas ou campos. Quando Ele estabeleceu os céus Eu estava lá, também quando traçou um círculo na superfície do abismo e firmou a abóbada celeste, quando delimitou as margens dos mares e a fundação da Terra. Eu estava sempre ao seu lado como uma Mestra criadora e parceira, sendo o seu deleite e me alegrando ao lado dele no mundo habitado..."*
>
> — (LIVRO DOS PROVÉRBIOS, 8:22-31).

"Hochmah", em hebraico – que mais tarde viria a ser chamada de **"Sophia"**, nas tradições gregas – foi tratada pelo apóstolo-evangelista João como sendo o **"Verbo** que estava junto a deus", no evento da Criação Universal.

"No princípio era o Verbo, e o Verbo estava junto a Deus, e o verbo era Deus. Ele estava no princípio com Deus. Todas as coisas foram feitas por intermédio dele, e, sem ele, nada do que foi feito se fez." (João 1:1-3).

Houve um tempo, que teve início com Enoch, em que **a Entidade** *Hochmah* **(Sophia) era conhecida como o "feitor de Javé", "o deus executivo de Javé".** Com o sumiço dos livros de

Enoch, esse conceito se tornou lendário e permaneceu na posse de poucos.

Com o *"Evangelho de João"*, ele reapareceu como sendo o "Verbo" e a forma celestial de Jesus, conforme os próprios dizeres deste. Posteriormente, a teologia católica deu fim não só a Sophia, como também a Javé, ao criar o dogma da "Santíssima Trindade", à moda dos acordos do "Concílio de Niceia (em 325 d.C.).

Para os católicos, essas hipóstases da "Santíssima Trindade" representam os "belos e maravilhosos Seres" que **somente existem no imaginário da teologia**, o que deixa, obviamente, o "deus dos judeus" de fora da mesma.

Para os cabalistas, essa tri-unidade de princípios compreende as realidades ontológicas, inerentes ao conhecimento do Ser Universal, precedendo, portanto, à manifestação e progressiva solidificação de tudo o que foi emanado a partir das energias mais invisíveis e profundas, oriundas da "Tríade Suprema"!

Analisando, porém, a **"Doutrina das Emanações das *Sefiroth"*** sob um ângulo bem distinto e, provavelmente jamais observado com essas características, poderá surgir um nível de compreensão que, conforme penso, também não existe entre os estudiosos do ocultismo.

Todas as mitologias ancestrais falam de deuses, classes de deuses, Avatares, dentre outros epítetos para se referirem aos principais protagonistas da vida cósmica-universal, ainda que as definições desse conceito varie bastante entre essas fontes culturais.

De todas as mitologias que já pude verificar – e penso ter estudado todas as que existem com um mínimo de registro para assim serem consideradas – a chamada "ariana/hindu" é a mais rica, no que seria um panorama análogo ao que, na Cabala, é chamado de **"Doutrina das Emanações das *Sefiroth"***.

No âmbito da vastíssima cultura hinduísta, exposta nas suas seis escolas de filosofia e amparadas em uma portentosa literatura muito mais antiga, vasta e sofisticada do que a dos hebreus/judeus, essa temática longamente analisada nos *"Upanishades"* e, principalmente, nos *"Puranas"*, tem como base a **"Doutrina das Emanações dos Avatares"**.

As circunstâncias em que se deram essas duas revelações, porém, não são simples de serem construídas, porque ambas foram "infectadas" pelo nosso modo *"antropos"* de classificar esses Seres.

A lógica humana, quase sempre descuidada, termina atribuindo características ou aspectos humanos a esses Seres, o que muito tem dificultado o "entendimento adulto" a respeito da natureza de cada um deles.

Os cabalistas "encheram de amor" o perfil dessas Emanações das ***"Sefiroth"***, do mesmo modo que os demais humanos o fizeram, e a realidade, francamente, não é tão simples assim. Além do que, no lado do hinduísmo, a verdade sobre a **"Doutrina das Emanações Avatáricas"** se tornou motivo de disputa entre os seguidores de Brahma, de Vishnu e de Shiva, aspecto que não aconteceu no judaísmo.

Infelizmente, os *brâmanes* (seguidores de Brahma), os *vaishnavas* (seguidores de Vishnu) e os *shivaístas* (seguidores de Shiva), na tentativa de tornarem maior o seu "deus" de predileção frente aos outros dois, distorceram a busca pela Verdade de tal maneira que o assunto ficou inconcluso, ainda que os *vaishnavas* tenham pretendido encerrar a questão ao proporem as **"dez encarnações do Senhor Vishnu"** como sendo a versão oficial a ser observada, com a qual não posso concordar, porque equivocada, ferindo a honestidade dos fatos.

De todo modo, agora me utilizarei dessas duas fontes, para poder tratar das Emanações que ambas as doutrinas pretenderam elevar, cada uma delas, à condição de ter sido Deus a fonte das mesmas, quando, conforme entendo, essas "Personificações de Prepostos" não correspondem ao "Deus Verdadeiro"

– aquele que, conforme penso, não tem relação direta com todo este enredo desdobrado da "queda" de *Kether*/Javé.

Para ser honesto com esse Ser, o "Deus Incognoscível", qualquer Avatar ou *"Sefirah"* deveria ser entendido como Emanações advindas dos três Logos "decaídos" do **universo vizinho *("Yetzirah"*,** conforme a Cabala, ou *"Brakmaloka",* de acordo com a mitologia hindu), os quais, sem de lá poderem sair, aprenderam a produzir Seres a partir dos seus "Códigos-fontes Pessoais", para que estes pudessem agir em faixas de realidade e mundos que eles não tinham como atingir diretamente.

Sendo ainda mais preciso, no caso dos Avatares, esses sequer podem ser referenciados à Javé, porque isso sequer seria possível na sua condição de Ser "caído" e momentaneamente "desalmado", o que resumiria essa questão aos dois outros "Logos Criadores" Vishnu e Shiva.

Na doutrina das **dez** *"Sefiroth"*, contudo, alguns dos Seres nela elencados são distintos dos que aparecem na relação dos **dez Avatares de Vishnu,** e efetivamente correspondem a Entes produzidos a partir de experiências bem particulares, levadas a efeito a partir do "Código-fonte Definidor de Vida" do Criador. Sob essa perspectiva, a **"Doutrina das Emanações das dez *Sefiroth"*** obedece a um padrão de honestidade que não se verifica na **"Doutrina das Emanações dos Avatares",** dos *vaishnavas.*

Observando, portanto, a partir dessa premissa, vou analisar, a seguir, as **dez** *"Sefiroth"* **da Cabala,** fazendo, em relação a algumas delas, a analogia possível com Seres ressaltados em outras fontes ancestrais:

"PRIMEIRA EMANAÇÃO" OU "SEFIRAH KETHER", "A COROA"

Como já referido, eis a "Personificação do Criador caído" que, sob a perspectiva das demais mitologias, é o mesmo Ser também chamado "YWHW" ou "Javé" (no judaísmo), "Brahma" (no arianismo/hinduísmo), "Caos" (mitologia grega), "Atom" (mitologia egípcia), "Ogni" (mitologia celta), "Alá" (no islamismo), dentre outros epítetos.

Um dos problemas a se ressaltar é o de que os ingênuos humanos se referem a esse Ser **como se o mesmo fosse uma Entidade Espiritual evoluída, quando é tão somente um Ente "caído", "reconstruído" sob uma forma "eletromagnetizada"**, como são todos os habitantes de *"Yetzirah"*.

Tudo o que ele sempre procurou foi o "poder" e o controle sobre todas as espécies que foram surgindo em *"Yetzirah"* e *"Assiah"*, como modo de, sob o seu comando, construir a sua própria "redenção". Os humanos representam tão somente a última espécie a emergir para a vida em *"Assiah"*, e parte do que ele considera como sendo o seu "drama pessoal" é que esses saíram do seu controle. Por isso que as religiões impositivas, que podemos observar na Terra, sempre tiveram e têm como objetivo transformar os seres humanos em criaturas submissas ao Criador.

"SEGUNDA EMANAÇÃO" OU "SEFIRAH CHOKMACH", "A SABEDORIA"

Trata-se do mesmo Ser referido como "Vishnu" (no hinduísmo), "Eros" (mitologia grega), "Chefnut" ou "Tefnut" (mitologia egípcia), "Teut" (mitologia celta), dentre outras denominações.

A "Personificação da Sabedoria" se refere a uma corrente de Seres, **todos** eles emanados a partir do "Código-fonte Definidor de Vida" de *Chokmah*, e que, ao emergirem para a existência, seja em que nível for, para os demais traduzem, no comportamento inovador, o que parece ser uma luz singular no campo da compreensão, da atitude e da postura pessoal.

"TERCEIRA EMANAÇÃO" OU "SEFIRAH BINAH", "A COMPREENSÃO"

Esse Ser é visto como sendo "Shiva" (no hinduísmo), "Tartar" (mitologia grega), "Shu" (mitologia egípcia), "Thyré" (mitologia celta), dentre outras nominações.

Melhor do que a "Compreensão", penso que seria a "percepção prática-utilitária extrema dos seres e de tudo o mais que existe", o epíteto ou a melhor substantivação que se poderia atribuir a esse Ser, reciclador por natureza, e sem cujo contributo a Criação não seguiria adiante.

Se formos comparar os padrões de energia advindos das três primeiras *"Sefiroth"* *(Kether, Chokmah e Binah)* ou dos três "Logos Criadores" que compõem a *Trimurti* hindu (Brahma, Vishnu e Shiva), de modo a vislumbrarmos qual deles preside em *"Assiah"* *(Bhuloka)* e *"Yetzirah"* *(Brahmaloka)*, veremos que é a energia de *Binah*/Shiva que prevalece em ambos, sendo essa a "força entrópica" que garante o final desses dois níveis existenciais que sequer deveriam ter sido gerados.

"QUARTA EMANAÇÃO" OU "SEFIRAH CHESED", "A MISERICÓRDIA"

O conceito antropomorfizado aparece aqui como sendo produto do senso de religiosidade ou mesmo da carência espiritual dos humanos, mas penso estarmos vivendo uma época de "maioridade espiritual" e não mais precisamos nos enganar com essas questões.

Pouquíssimas espécies, que podem ser contadas nos dedos de uma só mão humana, surgidas no âmbito desta Criação, dispõem do mecanismo psíquico do perdão, da misericórdia, da compaixão, mas não penso que esse seja o caso desses Seres protótipos ancestrais.

Em outras palavras, vindo desses três Seres, jamais surgiu

nenhum ser que "personificasse" algo como a "Misericórdia", porque, simplesmente, o "Código-fonte Definidor" dos seus corpos sempre estiveram "infectados", e foram e ainda são ignorantes em relação a essas expressões mais nobres.

Kether/Javé poderia ter sido misericordioso com o "humano Jesus", pois desde o surgimento da humanidade, esse traço psíquico passou a compor o código-fonte definidor das espécies da vida universal. Entretanto, *Kether* não foi condescendente com Jesus nem com ninguém, porque ele ainda não assimilou essa atitude mental superior.

Esses Seres são o que são, do mesmo modo que um leão é o que é, **e não existe um mecanismo cerebral no seu instinto que lhe permita, como predador, portar-se de maneira piedosa em relação à sua presa**: e esses três Seres são "predadores" enquanto nas suas formas eletromagnetizadas particulares!

Todos os dez *"Sefiroth"* nominados na Cabala padecem da "infecção do predatismo original", porque essa é a face mais cruel e, ao mesmo tempo, desesperada de *Kether*, devido à sua "queda".

Os humanos, última espécie a surgir e, portanto, com o código genético (DNA) mais novo e atualizado de todas as anteriormente criadas, ainda que também "infectado", dispõem, sim, dessa capacidade de sentir complacência, mas isso não significa que todos os humanos sejam misericordiosos – quem sabe, um dia, poderão ser!

Esses Seres não o são, e *Chesed* também não apresenta esse atributo da misericórdia, porém, de todos, por ser um especialista no "estudo do destino" dessa "horda de infectados" e na "cota de drama" coletivo e pessoal, ele assim foi considerado pela ótica dos cabalistas, como se fosse alguém que diminuísse o sofrimento dos seres, agindo como intercessor. Todavia, não é bem assim!

O seu processo de intercessão é no sentido de ofertar um

outro contexto às situações, aos eventos e aos seres, no campo das possibilidades, além daqueles resultantes das ordens equivocadas e quase sempre predadoras, advindas do "Ternário Divino" da Cabala, composto por *Kether, Chokmah e Binah*.

Esse Ser aparece como sendo "Morus" (na mitologia grega), "Orlog" (na mitologia nórdica), "Maat" (na mitologia egípcia), dentre outras designações.

"QUINTA EMANAÇÃO" OU "SEFIRAH GEBURAH", "O RIGOR"

Aqui emerge o poder combativo da luta (para afirmar o ser) e da severidade (para destruir o "mal" em situações de limite imposto pelo conceito do *"Dharma"*), também trazendo consigo o princípio da sexualidade. Essa Entidade representa o que se tornará instinto de sobrevivência em vias de educação pelo princípio da honra, de controle psíquico pelo Yoga, e de reprodução via sexo, em reinos situados além das fronteiras de *"Assiah" (Bhuloka)* e, notadamente, em algumas das "moradas" de *"Yetzirah" (Brahmaloka)*.

Quem o representa é o **"Senhor Krishna"**, talvez o Ser mais singular de todas essas Emanações.

"SEXTA EMANAÇÃO" OU "SEFIRAH TIPHERETH", "A BELEZA"

Entidade de alto nível de consciência, relacionada com o despertar da beleza, da nobreza, do refino e da sofisticação entre os humanos. Nessa singularidade, penso que se enquadram "Sidarta Gautama", o Buda, e "Jina Mahavira", o último dos *Thirtankharas*.

Conforme a crença dos cabalistas, a consciência desse Ser singular *("Sefirah Tiphereth")* ainda se fará presente ou virá na expressão do "Senhor Maitreya".

A cota ou estirpe espiritual que movimenta o circuito desses Seres é de ordem muito particular, tal qual a de *Chesed* (Morus).

Sob uma certa interpretação, essa *"Sefirah"* também pode ser vista como sendo "Olm", o "Quarto Logos".

Somente num futuro algo distante, essa Emanação deverá ser melhor compreendida e mesmo definida pelos fatos.

"SÉTIMA EMANAÇÃO" OU "SEFIRAH NETZACH", "A VITÓRIA"

Nessa Emanação, a energia original de *Binah* (Shiva) se intelectualiza e absorve as questões de honra e de desejo sexual, associados a um reconhecimento dos membros da própria espécie como sendo o mais indicado ao exercício do poder, ainda que, com os inevitáveis desencontros do processo de intelectualização do desejo e das demais faculdades psíquicas.

Bem antes do despertar humano para a racionalidade, o personagem **"Indra"** (da mitologia hindu) ou **"Zeus"** (da mitologia grega) é escolhido, pelos seus pares, para uma posição que, na geopolítica da "Árvore da Vida" da Cabala, era superior mesmo à de *Kether* e a dos outros dois Seres do "Primeiro Ternário".

Foi o primeiro Ser "eleito" pelos seus pares, numa Criação na qual somente a desagregação e a desconfiança imperam.

"OITAVA EMANAÇÃO" OU "SEFIRAH HOD", "A GLÓRIA"

Ser que recebeu, por herança de uma ainda desconhecida linhagem dos "Entes Primordiais", as sequências genéticas do código-fonte definidor de vida voltado para a busca do que atualmente se entende constituir algum padrão de decência vindo de *Chesed* (Morus), mas que o deforma em emoção e separatividade devido às circunstâncias da sua vida, comandando algumas "moradas" de *"Yetzirah"*, mais notadamente no circuito de alguns dos "mundos" apontados na ***"Yggdrasil"***, a "Árvore da Vida nórdica".

Essa singularidade é representada por **"Odin e sua ascendência"**.

"NONA EMANAÇÃO" OU "SEFIRAH YESOD", "O FUNDAMENTO"

Por mais que possa desagradar a *Kether*, nessa conjunção de elementos existenciais dispersos, o movimento de consciência feito por um Ser de origem não humana (Pandora), resultou na modificação do arcabouço básico da natureza animalizada da espécie na qual a vida, a emoção e o intelecto se alinharam sob o comando de um psiquismo doravante racionalizado (o *Homo sapiens*).

Necessariamente, tal ocorrência traz consigo a descendência de Pandora a esse inusitado lugar, num aparente panteão de seres que passaram a representar verdadeiras singularidades existenciais, no qual os personagens "Adão", num primeiro momento, e mais tarde, "Heleno" (neto de Pandora), foram as expressões mais sintomáticas e decisivas dessa herança.

Contudo, há um outro aspecto que se refere a um Ser desconhecido de todas as demais fontes culturais-mitológicas, que somente a Cabala dele tratou – refiro-me a *"Yesod"* –, e que é bem anterior à Pandora.

As porções que nós temos de intelectualidade/razão e de emoção/intuição, que são atualmente trabalhadas pelos dois hemisférios cerebrais que marcam a condição humana, tiveram que ser juntadas lá atrás, no passado cósmico, em um Ser singular, que recebeu de *Chokmah* (Vishnu) e de *Binah* (Shiva) as respectivas "componentes genéticas" produzidas nos seus laboratórios.

Desse Ser é que se originaram os reinos, os gêneros e as espécies bicamerais (cujos **cérebros são bilatérios**), que foram surgindo no âmbito da natureza terrestre (e em mais algumas outras), no curso dos últimos 550 milhões de anos.

"Yesod" é desconhecido para os padrões das notícias antiquíssimas que conseguiram ser veiculadas na raiz da ancestralidade humana. Contudo, na lógica dos cabalistas, ele corresponderia ao "Adão humano".

"DÉCIMA EMANAÇÃO" OU "SEFIRAH MALKUTH", "O REINO"

Nessa Emanação, encontram-se os "eleitos" de Javé de todos os tempos, mais notadamente, Maomé, personagem humano por quem o Criador tem predileção. Contudo, no âmbito de um contexto mais amplo e mesmo ainda cercado de mistérios, a função aqui esperada sempre foi a do "Messias", nos moldes judaico. Como *Kether*/Javé se sentiu "traído" por Jesus, ele construiu o seu "pacto" posterior com Maomé, que cumpriu as suas obrigações do modo mais digno que lhe foi possível na sua condição humana.

De todo modo, como a Cabala se assenta na tradição judaica e o *"Malkuth"* deve estar sempre e, em parte, inevitavelmente "acorrentado à vontade", "preso aos desígnios", enfim, na "condição de prisioneiro da eleição de Javé", foi desse tipo de entendimento que **surgiu a noção do "Messias" que ainda virá**, porque Jesus, o "derrotado", não pôde ser aceito como sendo esse enviado pelo "deus dos judeus".

Nas "tradições mentais" de *Kether* e de todas as revelações que ele promoveu por meio dos seus Anjos, o final dessa etapa da sua Criação sempre esteve marcada pelo seu vaticínio de que o **"seu *Malkuth*"** estabeleceria o seu "reino" na Terra e, por conseguinte, neste universo (ou seja, em *"Assiah"*).

A vinda de *Hochmah*/Sophia à Terra, como cumprimento da

promessa feita pelo seu "Avatar humano" Jesus, e por ele ratificada no livro *"Apocalipse"*, é o **último capítulo desta história mal compreendida pelos cabalistas** que, mesmo tendo cristãos em suas linhagens, provavelmente, devido ao peso do judaísmo ortodoxo, jamais puderam perceber o *"Malkuth"* no humilhado Jesus, que preferiu não cumprir os termos violentos da "Velha e Antiga Aliança", "pactuada" entre Kether/Javé e os patriarcas da Antiguidade, para oferecer ao mundo uma "Boa Nova", uma "Nova Aliança", que dispensava força, domínio, imposição e controle, aspecto que, na **perspectiva inflexível desses Seres frios**, não tem como funcionar.

11ª Constatação:
O "homem Jesus" sofreu as consequências da sua nobre ousadia, conforme os ditames do seu tempo, e dois mil anos depois, nem os cabalistas, os cristãos ou os judeus compreenderam os significados das suas intenções e do "jogo sujo" por trás do seu sofrimento pessoal.

Muitos estudiosos da Cabala partem do princípio de que a vida é um "magnífico espetáculo" que a Divindade nos dá de si mesma, porém já é chegado o momento de uma visão menos ingênua dos eventos que compõem a existência.

"Magnífico espetáculo", quem o produziu mesmo, foi Jesus, um "simples" humano, mas com poderes mentais semelhantes aos de qualquer uma das *"Sefiroth"* primordiais. Sua rápida vida foi exposta e retratada em painéis jamais apreendidos pelos seus contemporâneos e descendentes destes, enquanto **o que de mais importante ele fez, passou despercebido para todos.**

Se a Metafísica é o estudo da Filosofia que busca o princípio de tudo o que transcende até mesmo a própria Física, haja caminhos a serem percorridos pelo psiquismo humano, na tentativa de descortinar todos os mistérios que permanecem encobertos. Contudo, a Cabala almeja ser um "projeto" e, nesse ponto, as questões decorrentes dessa aplicação se complicam porque envolvem ambições e carências humanas movimentadas pela fé nesse ou naquele tipo de Ser. Além disso, a Cabala se baseia no mesmo pressuposto das religiões impositivas, que situam o ser humano como um ente caído, expulso de uma "celestialidade paradisíaca" – haja pleonasmo –, que só existe na mente daquele que acumula "crenças infantilizadas" devido às constantes "lavagens cerebrais" sofridas.

Conforme definido no livro *"Secretum – Manual Prático de Kabbala Teúrgica"*, Helvécio de Resende Junior[1] afirma que:

"Kabbala é uma postura, um movimento do qual se ramificam escolas, concepções, teorias, práticas, crenças, não totalmente convergentes entre si. Mas esta não convergência tão pouco acidental surge das diferentes expressões que se usa para exteriorizar, em conceitos e palavras, a vivência do inefável, do misterioso, do tremendum mysterium.

O saber místico, ou melhor, o conhecimento (gnose) místico não admite senão uma expressão metafórica, poética, pessoal, onde as linguagens da Kabbala são envolturas de um conteúdo poderoso e sublime que vêm da eternidade e se dirige para a eternidade. Cada Kabbalista utilizou de livros que chegaram as suas mãos, tanto israelitas quanto de outros povos, e deles tomou emprestadas formulações para poder transmitir ao leitor algo de mistério desvelado.

Se algum autor Kabbalista utilizou livros de origem platônica, ou de origem aristotélica não significa que a Kabbala em si, seja platônica ou aristotélica, e sim que cada um se vestiu de uma roupagem conceitual específica para comunicar sua intuição pessoal, ou certezas subjetivas provocadas pelas instruções dos mestres passados.

A Kabbala não pode ser reduzida a um sistema nem a um corpo de ideias, e sim a um conjunto de visões esotéricas com um fundo comum – o judaísmo – mais um anseio comum consequente com aquele fundo: descobrir o mistério divino para saber como e para que viver, e mais, dar ao homem no exílio as chaves para o trabalho que lhe reintegrará ao estado mágico de consciência, isto é, a consciência cósmica."

Objetivos comuns e caminhos à parte, parece ser este o padrão harmônico da desarmonia reinante entre as muitas teologias, o que já é muito para o tamanho da desagregação em que se é obrigado a viver, devido ao "jogo de interesses" dessas "Divindades", que sempre manipularam a ingênua sensibilidade dos terráqueos.

Seguramente, deve ser por isso que o ser humano se encontra condenado a sempre procurar desvendar os mistérios que envolvem a sua vida e a si mesmo, porque nada nem ninguém facilita o seu caminho, muito menos a Cabala, que já o situa como sendo "um alguém caído".

7

A CABALA E SEUS DESDOBRAMENTOS

A PRIMEIRA grande questão que preciso ressaltar é a de que os cabalistas profundos partem de um princípio muito importante, que nem mesmo as religiões advindas das atitudes de Javé costumam observar: o aspecto de que "o que veio a ser manifestado é a face daquele que promoveu a manifestação de si mesmo, ou dos seus pensamentos, ou ainda de um projeto mental de sua lavra", que veio a se transformar na Criação que conhecemos.

Como "manifestar" significa "fazer-se conhecer, mostrar-se", o sentido da palavra "manifestação", necessariamente, indica que "alguém mostra algo de si mesmo", o que faz com que os cabalistas observem que, **o que se encontra manifestado** é um **"modo de existir"** ou **"um estado de existência"** que ninguém pôde ou pode vislumbrar a não ser **por meio da percepção e do entendimento daquilo que esse estado manifestou a si mesmo.**

12ª Constatação:
É por isso que, nos textos esotéricos, está dito que a Divindade não pode ser conhecida senão por aquilo que ela manifestou dela mesma. Em outras palavras, conhece-se a "Manifestação", mas jamais "Quem" a manifestou, ainda que se presuma que, pelo "Fruto", a "Árvore" poderá ser conhecida.

Nesse ponto, são pertinentes as perquirições mais ingratas de serem feitas a rabinos, papas, pastores, teólogos, imãs, crentes, enfim, a autoridades religiosas de qualquer tipo:

Por que a natureza é violenta, criminosa, perversa e obriga os mais fortes a destruírem os mais fracos, seja para deles se alimentarem ou por outras razões? Quem a criou? Por que o fez desse modo?

Nós, os humanos, fomos condicionados a construir maravilhosas elucubrações sobre "deus" e a nos apaixonarmos, não por um "deus" que desconhecemos, mas pela beleza das demonstrações de fé e de entrega total à ideia que sobre ele fazemos, pois **é essa atitude psíquica que nos leva ao prazer hormonal da crença sempre reafirmada.**

Na minha educação, ao tempo da adolescência vivenciada num colégio católico, fui aconselhado – na verdade, obrigado – a ler os *Solilóquios de Santo Agostinho*[1], como exemplo do caminho que deveria seguir, em termos de atitude íntima, e também para perceber o que inteligências muito acima da média, personificadas em homens e mulheres que foram, ao mesmo tempo, pensadores e pessoas de fé, haviam feito, lá atrás, para unir os dois grandes polos da existência humana, conforme definido pelo meu, então, orientador educacional: a razão e a fé.

Ao ler o que me foi "recomendado", defrontei-me com um homem cujo legado demonstrava que ele efetivamente procurou, da maneira mais bela e honesta que lhe foi possível, harmonizar a certeza da sua crença em "deus", derivada da sua fé, em relação aos painéis da vida que eram possíveis de serem verificados no século IV da Era Cristã.

Acho que o grande problema em empreitadas intelectuais desse porte é o que os efeitos e os desdobramentos da fé têm produzido como distorção, exatamente no que se pretende demonstrar ou mesmo comprovar, o que termina por **comprometer o processo de esclarecimento.**

A seguir, não reproduzirei todo o contexto dos *"Solilóquios de Santo Agostinho"*, por ser muito extenso, mas tão somente me preocuparei em ressaltar um ou outro aspecto dessa obra magnífica sob os olhos da fé, que, como as demais, foi produzida num tempo em que os humanos estavam – como ainda estão – iludidos com a ideia absurdamente equivocada sobre "deus", tanto em grau como em tipo:

"Logo errei como uma ovelha tresmalhada, andando a procurar-vos fora de mim quando estais dentro de mim. Cansei em fazê-lo, ao passo que Vós habitais em mim, uma vez que a Vós aspire.

Vaguei através dos bairros e das ruas deste mundo, a ver se vos achava e não o consegui, porque vos procurava mal.

Enviei adiante os emissários destes meus sentimentos exteriores para o mesmo fim e com o mesmo resultado. Não sabia procurar-vos.

Agora vejo, ó Deus, minha luz, que brilhastes enfim aos meus olhos, quão mal vos pretendia descobrir pelos meus sentidos, porque é dentro de mim que residis, e, todavia nem eles deram por isso quando em mim penetrastes. Porquanto disseram os olhos: "Se não tem cor, não entrou por meio de nós".

Os ouvidos disseram: "Se não é sonoro, não passou por nós".

O olfato disse: "Se não tem cheiro, não o percebi".

Disse o paladar: "Se não tem sabor, não dei fé que passasse por mim".

E acrescentou o tato: "Se não é maciço, não me interroguem a tal respeito".

Por conseguinte, nenhuma destas propriedades imperfeitas existem em Vós, ó meu Deus.

Procurando-vos, não é a natureza corpórea que devo procurar, nem o que está sujeito ao tempo, nem o esplendor da luz, nem a formosura das cores, nem a suave melodia do canto, ou de qualquer outra espécie, nem o perfume das flores ou dos unguentos, nem o mel ou os manjares mais deliciosos ao paladar, nem as coisas mais deleitáveis ao contato do homem, nem qualquer outro objeto dependente dos sentidos grosseiros e exteriores.

Não permita Deus que eu tome jamais pelo Ser Supremo o que pode ser percebido e abrangido pelo sensório dos animais irracionais.

(...)

Tarde vos amei, beleza sempre antiga e sempre nova, tarde vos amei...

Vós estáveis em mim e eu rebuscava-vos por fora de mim.

(...)

Sois o meu Deus, o verdadeiro Deus, único, onipotente e eterno, incompreensível e imenso, que sempre viveis, não havendo nada em Vós que pague tributo à morte: ente imortal, que sois inenarrável, imperscrutável, inominável;

Deus vivo e verdadeiro, terrível e forte, sem princípio nem fim, e que sois o princípio e o fim de tudo o que é, que existem antes que existissem os séculos e as origens dos séculos.

(...)

Mas como é que ouso dizer que cheguei a conhecer-vos, se sois incompreensível e imenso, como Rei dos reis e Senhor dos senhores? Se só Vós possuis a imortalidade e habitais uma luz inacessível, que nenhum homem, portanto, jamais viu nem pode ver? Se só Vós sois Deus escondido e a Majestade imperscrutável, único conhecedor e contemplador de Vós mesmo?

Quem pode conhecer o que nunca viu?

Dissestes um dia, na verdade da vossa palavra: "Nenhum homem me verá e poderá continuar a viver."

Agostinho foi cativo do mesmo equívoco que os demais seres humanos que viveram nos últimos milênios cometeram: **confundir o Criador com um "Deus perfeito e inalcançável, amoroso e justo"**, ainda que esse Ser fosse, ao mesmo tempo, também "terrível", tendo praticado verdadeiros morticínios descritos na própria "Bíblia" que, como católico, ele considerava "sagrada".

Deus, o Verdadeiro, o Único, não corresponde a esse Criador "ensandecido", que ora age de uma maneira, ora de outra e, depois, ainda se arrepende, conforme cabalmente demonstrado nas passagens bíblicas.

O problema é que a carência e o senso de religiosidade dos seres humanos sempre os obrigam a enaltecer a Entidade a quem eles tomam como sendo "deus", e os elogios e as louvações se tornam infindáveis e inevitavelmente repetidos durante séculos e milênios, esquecidos que o Ser em questão (o Criador) se comportou de modo absolutamente diverso do padrão dos atributos no campo da nobreza espiritual, o que o próprio Javé deixou claro na *"Torah"*.

Os judeus adoram Javé porque ele liquidava os inimigos deles, protegendo o seu "povo escolhido" frente aos preteridos. Contudo, por que os cristãos adoram Javé?

Além dele ter obrigado Jesus a "tomar do cálice do sofrimento e da humilhação", Javé fez o quê pelo ser humano?

Ah, dirão alguns: ele é o Criador e, portanto, fez tudo de bom para todo mundo! E o que veio de ruim, junto com o que, presumidamente, veio de bom, e que também se originou em decisões dele?

E se o chamado "Jardim do Éden" tiver sido somente um "laboratório de vida biológica", utilizado para alimentar e manipular a genética de "espécies-cobaias" nele inseridas?

Em nenhuma hipótese, uma inteligência brilhante como a de Agostinho – e de outros luminares do passado – pôde se questionar sobre esses aspectos da vida, até porque os gnósticos já o haviam feito e, cabia exatamente a pessoas como ele, considerá-los hereges, pecadores e "ponto final".

Naquela época, muitas pessoas tentaram refletir sobre o problema da vida ser considerada algo bom ou mau, até que Agostinho decidiu que quem, a partir daquele momento, fizesse algum questionamento nesse sentido, estaria pecando e, portanto, a existência era uma "dádiva de deus e ponto final"!

Continuemos, pois, com a visão amorosa e cheia de fé de Agostinho, sobre "deus":

"(...)

Sois considerado, Senhor, assim no século presente como no futuro, por superior a toda essência inteligível, intelectual e sensível, porque nesse vosso Ser divino, oculto e sobranceiro a toda essência criada, além de toda razão, de todo o entendimento, inacessivelmente e inadiavelmente habitais em Vós, onde cremos existir, como no seu foco, a luz incompreensível, inenarrável, incontemplável, absolutamente fora da própria visão angélica, quanto mais da humana!

(...)

Para este céu do céu, o resto do mesmo céu é como se fora a terra, porque admiravelmente paira acima de todo o céu. Este é propriamente o céu de Deus, pois a ninguém é conhecido senão a Deus; ao qual ninguém subiu senão o que de lá desceu, o Filho de Deus. Porquanto ninguém conhece o Pai senão o Filho e o Espírito de ambos, assim como ninguém conhece o Filho senão o Pai e o Espírito de ambos.

Só a Vós, ó Deus, é conhecido este altíssimo mistério da Trindade, Trindade santa, admirável, inenarrável, imperscrutável, inacessível, incompreensível sobre-inteligível, sobressencial, que sobreleva infinitamente a todo o conhecimento, a toda a razão, a todo o intelecto, a toda a essência dos espíritos celestes, e que a ninguém é possível exprimir, nem simplesmente conceber, nem contemplar, mesmo aos olhos dos anjos, que de contínuo veem a Deus."

Novamente, o crente Agostinho, sincero e honesto para com sua busca, ornamenta o seu discurso devocional a "deus" com toda sorte de expressões superlativas, ao mesmo tempo em que fecha os olhos para a incoerência entre a narrativa e o enredo por trás da relação entre um "filho" que, flagrantemente, havia descumprido a "ordem profeticamente estabelecida nas escrituras", de assumir a investidura de um "Messias" que teria que ser tão ou mais "terrível" que o Pai, e construir o "Império Judaico" para dominar a Terra, e por não fazê-lo, teve recusado o seu pedido para "não tomar do cálice da dor e da humilhação".

Ignorar essa questão e estabelecer uma "Santíssima Trindade" – sobre a qual o enredo, que sempre existiu, aponta para relações confusas e inquietantes entre esses três Seres –, cheia de adjetivos no campo da elevação devocional, porém vazios de autenticação lógica, e somente sustentados pela fé exagerada, que até pode parecer bela para as mentes desatentas. Contudo, tanto no passado quanto no presente, adjetivar em excesso parece ser sempre uma compensação pela fraqueza de se substantivar alguém por meio de epíteto indevido.

Conclui Agostinho nos seus *"Solilóquios"*:

"(...)

Conheço, sim, que sois Deus, único verdadeiro Deus, e a Jesus Cristo, que enviastes à Terra.

Tempo houve em que vos não conhecia. Ai desse tempo em que vos não conhecia! Ai da cegueira que não me deixava ver-vos! Ai da surdez que não me deixava ouvir-vos!

Ah! Cego e surdo, que caí na deformidade moral, pelas belas formas que criastes na vossa bondade e não para a minha ruína.

Estáveis já então comigo, mas eu é que não estava convosco, e conservavam-me longe de Vós essas mesmas coisas que não existiam se não existissem em Vós.

Raiou sobre mim o vosso esplendor, ó luz do mundo, e vi-vos e vendo-vos, amei-vos. E só vos pode amar ver-vos o que vos ama.

Tarde vos amei, formosura tão antiga e tão nova, tarde vos amei.

Mal haja o tempo em que não vos amei!"

Realmente é uma bela confissão de amor ao "deus" que Agostinho vislumbrou como sendo aquele a quem se submeteria doravante, e o fez com a melhor das devoções que pôde produzir na sua honesta profissão de fé, e isso, devo dizer, é e será sempre muito importante para o ser humano que isso realiza de modo sincero, como ele fez. Apesar da eloquência, nada do que foi exaltado tem o condão de transformar o "deus dos Solilóquios de Agostinho" em um ser real, que efetivamente possua as características ali descritas. Entretanto, muitos seguem, cegamente, o que, desses seus escritos, passou à posteridade, na tentativa provável de desejarem sentir exatamente o que ele sentiu ao produzir os seus *"Solilóquios"*.

O modo humano de se dirigir a "deus" sempre dependerá do que a pessoa possa pensar e sentir a respeito desse tema singular, considerado como o mais importante na existência, mas em torno do qual, efetivamente, temos vivido em pleno regime do engodo e do autoengano, e os cabalistas jamais escaparam desse problema. **Viram apenas o que puderam e quiseram enxergar!**

O testemunho de Santo Agostinho em seus *"Solilóquios"* sempre representaram um alimento espiritual para os cristãos cabalistas. Ainda que os judeus que apreciam a Cabala não gostem do uso que os cristãos cabalistas dela fizeram, eles também nunca conseguiram descortinar o lado real da questão, conforme penso.

Neste ponto da presente abordagem, preciso evidenciar **o quanto de ingenuidade e de engano existe na demonstração da "fé cabalista"**, porque, creiam, essa também existe.

Refiro-me à crença de que a Cabala é um caminho que, ao final – a exemplo do "caminho do meio", proposto por Sidarta Gautama, que levaria ao *Nirvana*, –, conduziria o crente cabalista a uma transformação, no mínimo, estranha: a de se tornar igual a "deus", como já referido.

Assim sendo, sirvo-me do livro *"Tornar-se como Deus – A Cabala e nosso Destino Final"*, do cabalista Michael Berg[2], ressaltando algumas das suas premissas em relação as quais sou obrigado a discordar. Contudo, assim procedo tão somente para **mostrar a inversão, conforme penso, que a ingenuidade humana, por milênios, aplicou à questão do Criador e da Criação na qual vivemos.**

A tese dessa publicação acima referida é a de que *"existe uma força negativa que nos afasta da nossa essência divina"*; e de que, nesse livro, estariam *"as chaves para se escapar desta prisão"*, enfim, *"a chance de sair da condição de prisioneiros e nos tornar o que desde o nascimento estamos destinados a ser: exatamente como Deus"*.

O autor de *"Tornar-se como Deus – A Cabala e nosso Destino Final"* ainda afirma:

"Se fomos criados à imagem e semelhança de Deus, em essência, somos como Deus. Imagine ter o poder de fazer qualquer coisa acontecer."

Sinceramente, não quero mesmo imaginar!

Michael Berg não é somente mais um escritor que desenvolve livros sobre a Cabala. Filho do eminente cabalista P. S. Berg, ele também é diretor do "Kabbalah Center", nos Estados Unidos, e responsável pela primeira tradução do ***"Zohar"*** para o inglês, o que é uma empreitada intelectual que somente poucos ousariam realizar.

Efetivamente, ele é alguém que conhece profundamente a Cabala. O que procuro aqui ressaltar é exatamente o aspecto de que mesmo os gigantes no campo do conhecimento, e não só sobre a Cabala – pois poderemos encontrar mentes privilegiadas em todas as áreas nas quais a crença se mistura com o intelecto –, tiveram e têm o seu nível de compreensão prejudicado porque, ingenuamente, confundiram os conceitos de "Criador-demiurgo" com o de "Deus", esquecendo também de fazer a inevitável apreciação sob a ótica da prudência de se observar o "Fruto" (uma Criação violenta, impessoal, com espécies assassinas, predadoras) para se ter ideia da "Árvore" (no caso, o Criador).

Na contracapa do referido livro se encontra escrito o seguinte: *"uma oportunidade incrível está disponível para a humanidade: não simplesmente rezar para Deus, obedecer a Deus, temer a Deus ou rejeitá-Lo, mas, de fato, se tornar como Deus."*

Afirma ainda esse autor, no prólogo *"Uma Carta Aberta"*:

"Este livro é uma Carta dirigida aos prisioneiros de uma prisão. É uma prisão estranha, porque dentro de seus muros existem montanhas, rios, madrugada e pôr do Sol. Há nela pássaros raros e doenças raras, minidramas, maxidramas, melodramas e os últimos DVDs. A prisão não tem nome, mas ao longo dos anos seus presos criaram um nome, e este "pegou". Eles a chamam de vida. Ninguém ganha liberdade por bom comportamento, e neste local todos estão condenados a morrer."

Michael Berg até que reconhece que a Criação é extremamente "problemática", revelando-a como uma **escravidão globalizada**, apesar das belezas que o olhar humano consegue enxergar, ainda que o nome dessa prisão seja "vida". Perfeito! **Entretanto, quem criou todo este contexto? O autor parece**

desconsiderar o aspecto de ter sido o Ser que ele afirma ser "Deus" que o fez!

Ele também explica:

"É por isso que esta carta foi escrita com grande paixão e urgência. Vocês que a leem, mesmo os mais bem instalados, habitam esta prisão, assim como eu. A história de nossa prisão está cheia de lendas sobre tentativas de fuga, e cheia de conselhos de especialistas em fuga. Mas a vida na prisão anda quase que do mesmo jeito há milhares de anos. O que significa que a maior parte dos presos nem sabe que está na cadeia."

Conforme se pode notar, o autor reconhece, como poucos, que efetivamente se encontra aprisionado, e crítica as tradições passadas que procuraram ensinar alguns meios de transcender essa triste condição, mas, estranhamente, o seu objetivo é o de se tornar igual ao Ser que gerou tamanho "vexame existencial", se é que, de fato, ele parte da premissa de que quem criou esta realidade, como a conhecemos, foi Javé, o "deus da Cabala", assim considerado pelo *"Zohar"*.

O autor continua:

"Mas agora uma oportunidade incrível se apresenta. Uma oportunidade historicamente ordenada. Uma oportunidade escrita no código de DNA do nosso universo. Uma fresta se abriu na porta da prisão e permitiu a entrada de um raio de luz. Considere este livro uma descrição desta luz. Esta luz emana do criador do nosso universo."

Não sei exatamente o que o autor quis dizer com o *"DNA do nosso universo"*, a não ser que essa referência aponte o mesmo contexto existente na mitologia hindu (e não na Cabala) de que a vida surgiu primeiro no *Brahmaloka* (o universo antimaterial, vizinho ao nosso) e somente depois, o "código da vida" foi de lá transferido para o *Bhuloka* (o universo biológico, no qual existimos), sendo essas as duas componentes desta Criação "complicada". Contudo, nas afirmações acima do autor de *"Tornar-se como Deus – A Cabala e nosso Destino Final"*, o aspecto mais enigmático diz respeito ao Ser que criou algo "muito defeituoso", mas que, agora, este Criador emanou "um raio de luz" para ajudar a quem se encontra por aqui.

O mais estranho é que o próprio Criador, segundo os termos da revelação cabalística, sempre esteve e continua "refém" da sua Obra! **O *"Tzimtzum"*, do rabino Isaac Luria, significa exatamente o contexto da "queda de deus para dentro dele mesmo".**

Como entender essa questão?

Para tal empreendimento, cito, ainda, a obra *"Tornar-se como Deus – A Cabala e nosso Destino Final"*:

"Podemos segui-la até a sua origem, e quando o fazemos, descobrimos nossa própria origem. Quando o fazemos (...) nós nos tornamos como deus.

Baseado em que fonte autorizada eu faço uma declaração tão fora do comum? Numa boa fonte, que não é minha própria. De fato, nenhuma verdade que estou a ponto de revelar vem de mim pessoalmente. Sou apenas um repórter, e minha fonte de notícias é um corpo de sabedoria de 5 mil anos chamado Cabala. Minha referência principal são 23 volumes de textos em aramaico que compõem o principal repositório da sabedoria da Cabala: o Zohar. Há dois mil anos, o Zohar revelou verdades que só agora a ciência está confirmando. Eu tive o privilégio incomum de traduzir o Zohar — sua primeira tradução completa em inglês, um projeto que me tomou mais de dez anos.

Em termos humanos, minha autoridade vem de uma linhagem de gigantes: cabalistas e eruditos que por milhares de anos viveram, revelaram e transmitiram os ensinamentos da Cabala. Algumas vezes enfrentaram grande perigo, mas sempre com a certeza de que viria um momento em que este conhecimento emergiria de seu âmbito privado, esotérico, e se tornaria disponível, para todos na Terra. Um momento em que as portas da prisão se abririam e uma longa história de dor, sofrimento e morte teria fim. Um momento em que as pessoas se tornariam como deus.

Este momento é agora."

Sinceramente, constrange-me apontar fragilidades patentes em trabalhos literários de terceiros, quando tenho a consciência que devo ser o "vice-campeão" no campo dos equívocos sobre temas tão difíceis de serem abordados e, por isso mesmo, sempre rogo da parte do(a) presumível leitor(a) toda prudência quando da tentativa de ler os livros que produzo. Contudo, o faço por força do ofício da temática que fui obrigado a abraçar, e até mesmo de acordo com a vontade do próprio Senhor Javé que, finalmente, reconheceu que o modo equivocado e romântico como ele, a princípio, sempre pretendeu que os humanos libertos dos grilhões genéticos o tratassem, não funcionou muito bem.

Na atualidade, o seu "Eu" precisa que "novas e inadiáveis sequências genéticas críticas e equilibradas" possam ser formuladas pelas suas criaturas-ferramentas, para que delas ele possa se servir na "reconstrução" de si mesmo. Pergunto-me, contudo, quanto ainda falta para os "cabalistas adultos" compreenderem esse "drama" do Criador.

Vou, novamente, permitir-me reproduzir algumas máximas extraídas do mesmo livro de Michael Berg, apresentando, porém, a sua conclusão, sempre em confronto com a que, conforme penso, os "cabalistas adultos" poderiam e deveriam refletir:

"A Cabala ensina que, assim como as pedras são retiradas de montanhas, os humanos emergem de Deus. No nível da alma, os humanos têm exatamente a mesma essência que Deus. Em

essência, os humanos são como Deus. Sendo assim, como nos tornamos humanos?

A Cabala fala de uma força negativa no universo, uma picareta que nos remove de Deus. Esta força tem um nome estranho (...) ela é chamada de desejo de receber somente para si mesmo. É conhecida também como natureza do ego (...) Essa força é a origem de toda a nossa dor e sofrimento."

Levando-se em conta a premissa de que a abordagem é procedente nos termos em que foi posta, qual foi a "picareta" que removeu o ser humano de "deus" e o fez ter um ego? Foi o ***"Tzimtzum"***, ou seja, a "queda" de "deus" que o obrigou a se "exilar" na própria Obra, fazendo com que a sua forma anterior (que ficou no lado de fora desta Criação) criasse um "Eu interno", ao qual os judeus chamam de "Javé".

Para ajudar esse Ser a se redimir perante o "vexame existencial" que ele mesmo gerou, foi que muitos outros "Eus" também foram produzidos no âmbito interno da sua Obra, para ajudá-lo. No livro ***"Favor Divino"***, procuro abordar e esclarecer exatamente essa questão!

Nos moldes em que Berg trata o "Eu terráqueo" (o ego), a bizarrice de "filho do pecado" é imposta aos desventurados dos seres humanos, mais uma vez. O fato é que, ainda que com todo tipo de perversões herdadas e mesmo geradas pela natureza individual de alguns de seus membros, de "heróis", os humanos foram transformados em "filhos do pecado".

Não é somente a Cabala que comete esse equívoco para com a natureza, vamos dizer, ontológica do ser humano, pois as demais tradições da Antiguidade, tidas como "sagradas", também apresentaram e ainda propõem o mesmo mal-entendido.

Infelizmente, não é somente o livro de Berg que, apesar das indiscutíveis boas intenções inerentes às suas mensagens, resvala por um tipo de "propaganda enganosa", tanto em relação ao produto que oferta como ao exemplo entronizado de um Ser "esquisito", como modelo maior a ser perseguido pelos desafortunados seres humanos.

Por que procuro fazer alguma distinção entre "cabalistas profundos" e os que formularam "manuais de conquista de favores e de poderes"? Porque, na atualidade, **muito dos painéis da Cabala foram vulgarizados e são utilizados, despreocupadamente, sem quaisquer referências mais sérias em relação às suas origens e intenções originais.**

Rituais para se conseguir dinheiro com urgência, prestígio e proteção, independente do que se tenha realizado, enfim, um manual de mau uso da teurgia profunda, associado a um número de favores, fazem da relação entre "deus" e um "filho" seu, um tipo de comércio algo esquisito para os próprios critérios da Cabala.

Viciar as pessoas na busca da conquista de milagres e de bênçãos divinas é tema que, até o momento, encontra-se sendo avaliado na "Espiritualidade". Personagens como Jesus, Apolônio de Tiana e Sai Baba optaram por tais milagres e benções como maneira de atrair a atenção da humanidade para aspectos mais profundos da vida, conforme eles mesmos ressaltaram.

Para meu desassossego, quase todos os manuais de interpretação da Cabala que consultei, insistem em afirmações absurdas e algo infantis, o que me leva a encerrar esse aspecto da vulgarização da mesma com as reflexões até aqui elencadas sobre esse tipo de desdobramento do seu contexto de postulados ancestrais.

Talvez, o mais inquietante para os cabalistas fosse perceber que tudo o que Criador e seus Anjos-clones pretendiam, era demonstrar a amplitude da Criação, suas adjacências paradisíacas, as Emanações advindas do "Código-fonte Definidor da Vida" – na Terra, trata-se do DNA – do "corpo" do Criador, além das demais forças personificadas, atuantes nos seus diversos quadrantes.

Quanto mais observo e estudo as tradições do passado que abordam a gênese da humanidade, invariavelmente cresce o meu lamento frente a ausência de uma "racionalidade adulta" da parte dos escribas que passaram para a posteridade com a mais paradoxal das teses, sobre uma estirpe biológica (no caso, os humanos) que foi criada "doente", mas com a destinação de se tornar "perfeita", e ai de quem a tal não logre atingir: a "danação eterna" espera por esse "desgraçado pecador"!

Para piorar esse contrassenso, muitos acreditam e aceitam que este Enredo Existencial (a Criação) foi gerado por um "deus maravilhoso, amoroso, perfeito e, portanto, justo"!

Até quando, pessoas ditas racionais, aceitarão o absurdo dessa incoerência como sendo a raiz do que consideram sagrado nas suas vidas?

8

QUESTÕES PROFUNDAS E SUPERFICIAIS

SUBMETER as próprias hipóteses à constante análise, é tarefa para poucos, e tenho procurado bastante, perante a minha própria consciência, conduzir-me por esse viés verificador. Por isso, a quem me escuta ou lê os livros que escrevo, sempre solicito que não tome como "Verdade" o que por mim é produzido, mas tão somente como "sementes para a reflexão".

Costumo fazer isso por dois motivos básicos: a "minha pequenez" e a grandeza dos assuntos que sou obrigado a tratar!

Sinceramente, penso que o entendimento do rabino Isaac Luria em relação à Cabala, que aponta para o conceito do **"Tzimtzum"**, explicado por ele como um tipo de **"exílio de deus dentro dele mesmo"**, já seria motivo suficiente para que se inaugurasse, lá atrás, um campo de estudo honesto sobre a amplitude dessa questão. Afinal, qual o sentido de **"um exílio dentro de si mesmo"**? O que isso significa? Contudo, essa análise nunca foi realizada pelos cabalistas!

Provavelmente, tal desinteresse ocorra devido ao que costumo chamar de "cegueira romantizada, orgulho intelectual, nacionalismo exacerbado, incapacidade de análise imparcial, tirocínio e lucidez prejudicadas", enfim, **é quando a ignorância** se traveste de uma importância que não tem e "pinta com cores sagradas" o que constitui somente uma percepção equivocada.

O impressionante é que todas as religiões – e mesmo o budismo, jamais foi sequer imaginado por Sidarta Gautama como tal – começam desta "maneira infantilizada" de se construir "castelos de sacralidade" onde somente existe um ou mais eventos que precisariam ser verificados à luz da razão e da análise criteriosa, porém isso nunca ocorreu. A "narrativa da fé" é o que prevalece, e não os fatos! Como as religiões sempre se encontram adornadas de apelos a nacionalismos e a adorações personificadas naqueles transformados em "deuses", associados ao fervor religioso, terminaram se transformando no que, atualmente, podemos perceber como sendo os focos desse panorama da "fé infantilizada planetária".

Ainda assim, existem questões profundas que permanecem clamando por uma "análise adulta", na qual deveriam importar bem mais as perguntas que precisam ser feitas sobre o tema, do que, propriamente, as "respostas ofertadas" que poderíamos colecionar.

Um dos aforismos do *"Sepher Yetzirah"* diz que *"Tudo existe Nele, e ele está na essência de todas as coisas"*. Como podemos compreender essa afirmação?

Uma vez que o "exílio forçado" desse Ser tomado como "deus" pelos judeus, deu-se no âmbito do que ele próprio criou, ou seja, do projeto dimensional que foi expresso pelo seu Poder Mental, o seu "Código-fonte Definidor de Vida Pessoal", distorcido pela "queda", passou a existir nas duas faixas dimensionais da sua Obra, constituindo as menores parcelas habilitadas a se tornarem os "tijolos de construções" dos dois universos que compõem a mesma e dos corpos vivos que neles passaram a habitar.

Assim, tudo o que existiu e ainda existe em qualquer uma destas duas faixas dimensionais, obviamente, despontou no âmbito do que ele projetou *("Tudo existe Nele, …")*, além do seu "Código-fonte Definidor de Vida Pessoal" estar presente no genoma de todas as espécies – as suas criaturas-ferramentas – que emergiram para a vida no contexto da sua Criação *(… e ele está na essência de todas as coisas.")*.

Frente aos fatos, qual cientista ou que ramo da ciência poderá provar que essa tese que aqui apresento está errada?

Nem tudo é prazeroso para os cientistas!

Nos dias em que escrevo estas páginas, fui agradavelmente surpreendido pela notícia que saiu em diversos *sites* da mídia mundial sobre os **inquietantes indicativos científicos – não é ainda uma certeza científica – da existência de um universo paralelo ao nosso**, surgido também a partir do *"Big Bang"*, que teria, portanto, dado origem a ambos os universos.

Originalmente, essa notícia foi publicada na *"New Scientist Magazine"*, do dia 8 de abril de 2020.

Reproduzo, a seguir, apenas o início do seu texto original em inglês, seguido dos comentários que farei, a modo de tradução.

"NEW SCIENTIST

We may have spotted a parallel universe going backwards in time

Strange particles observed by an experiment in Antarctica could be evidence of an alternative reality where everything is upside down.

8 April 2020

By Jon Cartwright

In the Antarctic, things happen at a glacial pace. Just ask Peter Gorham. For a month at a time, he and his colleagues would watch a giant balloon carrying a collection of antennas float high above the ice, scanning over a million square kilometres of the frozen landscape for evidence of high-energy particles arriving from space.

When the experiment returned to the ground after its first flight, it had nothing to show for itself, bar the odd flash of background noise. It was the same story after the second flight more than a year later.

While the balloon was in the sky for the third time, the researchers decided to go over the past data again, particularly those signals dismissed as noise. It was lucky they did. Examined more carefully, one signal seemed to be the signature of a high-energy particle. But it wasn't what they were looking for. Moreover, it e particle was exploding out of the ground.

That strange finding was made in 2016. Since then, all sorts of suggestions rooted in known physics have been put forward to account for the perplexing signal, and all have been ruled out. What's left is shocking in its implications. Explaining this signal requires the existence of a topsy-turvy universe created in the same big bang as our own and existing in parallel with it. In this mirror world, positive is negative, left is right and time runs backwards. It is perhaps the most mind-melting idea ever to have emerged from the Antarctic ice – but it might just be true. ...”

Que fique claro que o relato acima não está afirmando que foi descoberto um universo paralelo ao nosso, mas tão somente, que permanece em aberto essa possibilidade.

De minha parte, tenho retratado a ideia ancestral de inúmeras mitologias que se referem ao "Ovo Cósmico", ou seja, à Singularidade que teria dado início, no caso, aos dois universos que, como já referido, a mitologia hindu denomina de *"Brahmaloka"* (a *loka* onde o Criador Brahma "caiu" e se "reconstruiu") e de *"Bhuloka"*, e a mitologia chinesa intitula de *"Yin"* e *"Yang"*, além de se referir também ao Criador *"Panku"*, o "decaído".

Nos livros e nas palestras que tenho produzido sobre esse tema, refiro-me, ainda, ao "drama" que os habitantes – seres que existem sob as formas de clone e de demo – desse universo vizinho vivem, devido às consequências entrópicas sobre os seus corpos eletromagnetizados.

O assunto é tremendamente desagradável para os cientistas porque faz emergir aspectos temáticos sobre os quais o método científico não tem como lidar. O espanto que Einstein sentiu diante do fenômeno da intercomunicação não-localizada, apontada pelos postulados da Física Quântica, que ele jocosamente chamou de "ação fantasmagórica à distância", para logo depois se retratar ao se perceber em equívoco, é muito pouco perante todo os choques e estupefações psíquicas que descobertas dessa categoria provocam no meio acadêmico.

Atendo-me apenas aos temas pontuados no artigo, vou fazer, a seguir, um resumo do texto da Revista *"New Scientist"*, despreocupado quanto à tradução literal, para melhor situar a questão.

Conforme relatado, um grupo de cientistas, coordenados pelo físico experimental de partículas Peter Gorhan, da Universidade do Hawai, e um dos principais pesquisadores por trás do projeto *"Anita"*, detectou evidências da existência de um universo paralelo, no qual as regras da Física são opostas às nossas. Esse "mundo invertido" foi descoberto durante um experimento levado a cabo desde 2016, por meio da "Antena Impulsiva Transiente" da Antártica, cujos resultados detectaram partículas estranhas "viajando para trás, no tempo", e esse tipo de comportamento evidencia uma realidade alternativa, em que as leis da Física funcionam ao contrário. Pelo menos, por enquanto, não há como ter qualquer certeza de que há um universo paralelo coexistindo com o nosso. Mesmo assim, essa descoberta não deve ser ignorada. Estudos mais aprofundados talvez possam esclarecer essa questão – conclui o artigo.

Faço esse registro com a intenção de reforçar a contextualização que tenho procurado delinear sobre o legado profundo e real que havia nas tradições do passado. Lamentavelmente, esse foi pintado com as "cores" da frivolidade, do romantismo nacionalizado e das religiões impositivas, decorrentes do processo de atacar o henoteísmo, promovendo, no seu lugar, um teísmo[1] que "infantilizou" de vez o jeito como a ciência, a filosofia e a religião deveriam se comportar. Refiro-me ao modo livre e honesto quanto aos princípios e propósitos da "busca da Verdade", ainda que isso sempre incomode os padrões das "verdades vigentes" de cada época.

Cada etnia, cada cultura, foi absorvendo os parâmetros impostos pelos fatos sempre associados ao interesse dos mais fortes, e os mais fracos foram se deixando levar para o atual tipo de conformação que vemos atualmente no mundo. Esta configuração pressupõe que os grandes temas humanos sejam ancorados pela fé manipulada pelos interesses das elites religiosas, que se confundem com os de ordem política e até mesmo com os das verbas destinadas às pesquisas científicas do momento.

Desse modo, questões profundas, as quais – repito – deveriam ser tratadas de maneira séria, foram transformadas em dogmas religiosos, e "ponto final"!

Do que se esquecem os donos do poder?

13ª Constatação:
Sempre acontecem "choques de realidade" que representam os contrapesos da vida real no sentido de separarem a "infantilidade" da "percepção adulta" das situações, por desagradáveis que essas possam ser.

Muitas são, efetivamente, as questões que considero profundas no âmbito da Cabala, ainda que – novamente tenho que ressaltar – todas elas se encontrem, atualmente, envolvidas pelo sugestivo epíteto da "Cabala dogmática".

Dessa maneira, toda e qualquer leitura que possa vir a ser feita dos textos cabalísticos já se encontra, de antemão, destinada a ser tomada como a "verdade absoluta", nos moldes entendidos, até o momento, pelos adeptos dessa doutrina.

O interessante é que, pelo menos em tese, a Cabala não é ou não deveria ser tratada e mesmo vivida como uma religião. Entretanto, na atualidade, é exatamente essa face de religiosidade, culto, ritos e rituais que se apoderou de todas as suas versões, até mesmo, lamentavelmente, de algumas que aqui denomino como "questões profundas e cheias de mistério".

Por esse motivo, passarei a me referir ao contexto dos seus postulados, reproduzindo-os com as suas visões tradicionais do modo como são cultuados, seguidos dos meus comentários, sendo essa a maneira mais honesta e objetiva que posso colocar em prática na presente abordagem.

A Cabala tem, como lógica primeira, o aspecto – já referido – de que *a Divindade só pode ser conhecida por aquilo que Ela manifesta d'Ela mesma*. O que os cabalistas não levam em conta é que, **o que se tornou manifestado da Divindade, é um "retrato deformado" da sua condição, devido aos "problemas advindos da sua queda", ou como eles chamam, do "exílio forçado".**

Nesse caso, a Criação somente expressa alguns dentre os muitos painéis que podem compor a complexidade e a sofisticação dessa Divindade. Sob essa perspectiva, a face real de Divindade "caída" jamais será conhecida enquanto persistir a sua Obra.

Sem, obviamente, contemplar esse lado da questão, os cabalistas acreditam que, *tudo o que se encontra manifestado é a existência una de Deus*, a qual, por meio da lógica humana – deles –, pode ser expressa pelas noções conceituais de:

- **"A Eternidade – porque essa manifestação não tem nem começo nem fim e, em consequência, ela não conhece duração."**

Nesse ponto, começam todos os mal-entendidos porque, em se levando a sério a história do próprio Javé com os judeus, a Divindade referida (a "Eternidade"), em nenhuma hipótese, poderia ser um Criador "caído" e "refém" da sua própria Obra.

O *"Tzimtzum"* não é aplicável à visão dos cabalistas referente a esse modo de se considerar a "existência infinita do que se encontra manifestado", e que se apresenta, ao mesmo tempo, cheio de "defeitos e problemas" e de espécies que já nasceram obrigadas a serem "assassinas".

Não se pode mais confundir esta vida biológica transitória com o fluxo dos eventos eternos.

Quem define, na Cabala, a existência desse tipo de "deus eterno", desconhece a "Espiritualidade" e a própria conformação de *"Atziluth"* como plano dimensional de existência eterno. Neste, de fato, existe uma "Divindade Perfeita", envolta pela enigmática contextualização de um "Ser Incriado, Eterno e com outros atributos superlativos", que compõem o maior dos mistérios. Contudo, confundir a Criação na qual vivemos com *"Atziluth"* é exatamente o que caracteriza a abordagem cabalista.

Se o "Fruto" é esta existência violenta e cheia de dores e de sofrimento, e se o que se encontra "manifestado" é este tipo de Criação "imperfeita", que apresenta inúmeras espécies assassinas, além de eventos ambientais naturais catastróficos, o que se pode presumir da "Divindade", a "Árvore" que gerou tudo isso?

Esse tipo de visão romântica dos cabalistas não se aplica à questão apresentada acima, pois o Ser que propôs a Cabala sempre fez questão de apresentar o seu modo de agir, atormentando a espécie humana de muitas maneiras.

Mais um detalhe: obviamente, a Eternidade não conhece duração, porém esta Criação, sim, porque teve um começo e terá um fim.

Enfim: **o que se encontra "manifestado" não é, em**

nenhuma hipótese, a "Existência Una de Deus", como os cabalistas acreditam!

- "O Espaço Absoluto – porque a divindade recobre uma globalidade inconcebível."

Conforme penso, pelas mesmas razões, esse tipo de concepção também **confunde** uma questão acessória e transitória (ou seja, a Criação, ancorada nos dois universos já referidos) com outra, esta, sim, essencial e eterna, que seria o **"Círculo da Perfeição de *Atziluth"*** (ou "Paraíso").

- "O Movimento Perpétuo – porque Ela, a Divindade, é a essência da vida e, enquanto tal, Ela é também o Grande Sopro."

Novamente, estão confundindo os conceitos e as figuras-personagens de "Deus, o Incognoscível", com a de Javé, um Criador "caído" e que conseguiu se "reconstruir" a partir das suas micropartes "infectadas".

Desconsiderando esses aspectos, os cabalistas elevam esse **"Triplo Absoluto"** (***Eternidade, Espaço Absoluto* e *Movimento Perpétuo"***) ao seu sentido superlativo, como sendo a componente não manifestada do que existe, e como afirma o já referido autor do livro *"Secretum"*, Helvécio de Resende Junior:

"(...) fazendo com que o mesmo agora assuma as faces de Eternidade, Globalidade e Vida que vai se manifestar na Criação se tornando a Raiz de seus Três Grandes Princípios Governadores. E é também esta Universidade Divina, já Tripla n'Ela Mesma, que vibrará em cada criatura"."

Sobre a afirmação acima, terei que me referir, mais uma vez, ao aspecto de que, o que para as demais culturas mitológicas significa um conjunto de três Entidades que compõem uma *Trimurti*, um "Triunvirato", na cultura cabalística foi criada a expressão "Ternário" para representar princípios que podem ser enquadrados em um só Personagem. Como já ressaltei, fazem de tudo para fugir de qualquer contexto no qual pareça existir "mais de um deus", devido à **opção judaica pelo monoteísmo.**

De todo modo, sigo reproduzindo as afirmações de Helvécio de Resende Junior, ainda que estas não sejam de fácil compreensão para quem é leigo no assunto:

> *"Em outros termos, e para culminar neste processo chamado "a Criação", estabeleceremos o seguinte desenvolvimento mental:*
>
> *1º A Existência Única (o Um Absoluto-Não Manifestado) é Três em Si Mesma; o "Um" Absoluto carrega o "Ternário" Absoluto;*
>
> *2º Este Um Absoluto (a Existência Única, Não Manifestada) exterioriza de Si Mesmo outro Ternário que permanece, para nós, Não manifestado (é a eclosão dos Três Véus da Kabbala)."*

Sem querer ser superficial além da conta, às vezes fico me perguntando se os cabalistas não construíram a compreensão de "contexto sagrado" em torno do número "três" como maneira de facilitar o seu uso, sem ter que se referirem às "Tríades Celestes" das mitologias ancestrais e das demais religiões.

De modo estranho, a Cabala apresenta diversos "Ternários" ou expressões individualizadas desse "conceito trino", até mesmo entronizar a "Santíssima Trindade" católica como sendo a única expressão deífica, o que torna a questão ainda mais estranha de ser entendida:

> *"3º Este novo Ternário, assim exteriorizado (mas ainda não manifestado), se torna a Fonte de outro Ternário (isto é, o Um que*

se tornará Três: a Face Passiva do que a Kabbala chama Kether, o Ponto da Luz Imersa);

4º Este Ponto, que representa para nós a Divindade Suprema, se torna ativo e dá início a uma Manifestação (Kether, em sua face Criadora); aí está a Origem de nossa Tríade Superior, de nossa Santa Trindade, etc.

5º Este Ponto de Luz, a Divindade Suprema, não se manifestará por isso: Ela se cercará imediatamente de sua Trindade, isto é, daquilo que Ela exprimirá d'Ela-mesma (estes serão, em termos kabbalísticos, as Duas Sephirot Superiores, depois de Kether: Chokmah e Binah; estes a velarão eternamente, sem, contudo, impedir Sua Luz de atingir toda a Criação);"

Os cabalistas não têm ideia, mas como foram obrigados a "jogar" com os termos constantes da revelação que abraçam, quando se referem às *"Duas Sephiroth Superiores, depois de* **Kether: Chokmah e Binah"**, eles, na verdade, estão nominando as duas outras Entidades que, na mitologia ariana/hindu, correspondem respectivamente, a **"Vishnu"** e a **"Shiva"**, ou ainda, na mitologia grega, a **"Eros"** e a **"Tartar"**. *Kether*, no caso, trata-se de **"Javé"**, também conhecido como **"Brahma"** (na mitologia ariana/hindu) ou **"Caos"** (na mitologia grega).

Em outras palavras, as três **"Primeiras *Sefiroth*"** ou *"Sefiroth* **Superiores"** que, na Cabala, são chamadas de *"Kether, Chokmah e Binah"* correspondem, na atualidade, ao antiquíssimo conceito, considerado mitológico, sobre a *Trimurti* hindu (**Brahma, Vishnu e Shiva**), das Tríades grega (*Caos, Eros* e *Tartar*), celta (*Ogni, Teut* e *Tyrhé*), e egípcia (*Atom, Tefnut* e *Chu*), dentre outras.

A pergunta que se impõe é: será que os reveladores originais, os Anjos-clones do Criador, não pretendiam que os humanos tivessem interpretado a Cabala de maneira bem diferente daquela como os cabalistas foram compondo o seu entendimento?

Mais ainda: como poderá ser compreendida a citação que afirma que *"Chokmah e Binah a velarão eternamente, sem, contudo, impedir Sua Luz de atingir toda a Criação."*?

Os três Seres – um "caído" e dois "mergulhados" – "exilados" forçosamente na Criação, por mais equívocos que pudessem cometer, ainda assim, não impediriam que uma "Luz Maior" permanecesse atuando lá de fora da "blindagem" do que foi "infectado" pelo *"Tzimtzum"*, ou seja, pela "queda" de *Kether*/Javé! Será isso?

Ou ainda: os três "Seres da Tríade" – nunca reconhecida pela visão judaica – que, operacionalmente, sempre se mostraram um "desastre cósmico", foram assimilados pelos cabalistas cristãos, e com a herança católica do credo de Niceia, "a Santíssima Trindade" foi incorporada à crença dogmática dos que transformaram a Cabala em religião. Faz sentido?

Será, ainda, que essa questão de "Luz de fora" e **três** *"Sephiroth"* – os três "Logos Criadores", Seres que compuseram o Triunvirato que sempre dominou a cena universal – não corresponde ao mesmo contexto que, também, de modo romântico, os *rishis* da ancestralidade hindu, ratificado em alguns *"Upanishades"*, apontaram como sendo a não menos misteriosa contextualização de *Brahman* (a "Luz Ausente, mas sempre Brilhante") e a *Trimurti* operacional, composta por Brahma, Vishnu e Shiva?

Conforme fui obrigado a constatar, não aconteceu nada de bom nessa história, e o "exílio forçado" do Criador *(Kether)*, acompanhado de mais dois "exilados" que decidiram vir ajudar *(Chokmah e Binah)*, gerou uma "infecção vibratória" de tal ordem que teve de ocorrer, sim, uma separação entre *"Atziluth"* e *"Briah"* dos outros dois planos manifestados como sendo a Criação, ou seja, de *"Yetzirah"* (o universo vizinho, antimaterial) e *"Assiah"* (o universo material, no qual existimos).

Se não fosse a **"natural blindagem" que separa** o que foi **"colapsado" (manifestado)** a partir do **campo de ondas de**

probabilidades, gerado por uma "Consciência Particularizada" – que expressou um "Projeto-programa" oriundo da sua Mente – o "Paraíso" (*"Atziluth"* e *"Briah"*) estaria "contaminado" devido ao "acidente mental" ocorrido, assim entendido por uns, ou ao "incidente consciencial-mental" acontecido, na visão de outros.

A diferença entre essas duas maneiras de compreender o "problema imemorial" entre um **"mero erro"** e **"algo mais sério"**, reside no grau de responsabilidade e mesmo de culpabilidade do Ser Criador "problemático".

Apenas para registrar, a *"Sefirah* Superior *Chokmah"*, mais tarde, geraria de si mesmo *"Hochmah"*, usando os termos em hebraico da revelação, ainda que alguns trabalhos literários sobre a Cabala confundam essas "Hipóstases" ou "Potestades" como se fossem a mesma, ou não atribuindo qualquer importância à questão.

Qual o problema?

14ª Constatação:
Chokmah **é a mesma Entidade chamada** *"Vishnu"*, **que gerou** *"Hochmah"* **(ou seja, Sophia) como sendo uma extensão de si mesmo. Por isso** *Hochmah* **é referida por Salomão, nos Provérbios, como sendo a "Sabedoria Personificada" que se encontrava ao lado de** *Kether* **(deus-Javé) quando da expressão da Criação. Por isso que João, o apóstolo-evangelista, afirmou que, sem** *Hochmah*, **"o Verbo", nada do que foi feito na Criação teria sido efetivamente realizado se não fosse pela "ajuda operacional" ofertada por este.**

Quando os cabalistas compreenderão esse painel que nunca foi por eles estudado?

E no livro *"Secretum"*, Helvécio de Resende Junior continua a afirmar:

"6º A Tríade Suprema assim manifestada, nosso Deus Um em Três, será a Manifestação Divina; passado este estado, Ela não se manifesta mais antes, porém, no meio do que Ela emanou d'Ela-Mesma (as duas Sephiroth que nomeamos), e se fará o que é, a bem dizer, "a Criação"; é somente neste estado que podemos verdadeiramente falar de criação; antes desta, não existe ainda senão a Manifestação, isto é, a aplicação das Energias diante do criar."

A "curva ou atalho mental" que os cabalistas tiveram que fazer, frente ao que se encontrava posto como sendo a "revelação da Cabala", levou-os a criar um arranjo de palavras bastante complicado de entender e mesmo de considerar como razoável, como, por exemplo: *"A Tríade Suprema assim manifestada, nosso Deus Um em Três, será a Manifestação Divina"*.

Torno a questionar se toda essa aparente sofisticação não se deve somente à intenção de não repetir, na Cabala, a velha questão ancestral da Tríade "caída e problemática" – a qual jamais foi "três em um" – que, conforme as noções atualmente consideradas mitológicas, sempre disputaram o poder em torno de duas situações: **quem, dos três, criou o universo, e qual deles, desde a "queda" de uma das Divindades e os "mergulhos" das outras duas, comanda efetivamente o que foi manifestado, ou seja, a Criação!**

Depois de muitas etapas de uma desconhecida História Universal, os outros dois concordaram que o Criador havia sido Javé/Kether/Brahma, numa fase anterior à que, então, os três se encontravam como Entidades "decaídas". Entretanto, quanto a quem era o mais poderoso e que se encontrava efetivamente no comando, isso durou até bem pouco tempo atrás. Só muito recentemente, desistiram de continuar com esta questão porque se perceberam todos "falidos"!

De toda a literatura que pude estudar, escolhi exatamente o já referido *"Secretum – Manual Prático de Kabbala Teúrgica"*, de

Helvécio de Resende Júnior, que foi o único livro a se referir às Trindades da Antiguidade mitológica, situando, no seu contexto, o que os cabalistas entendem como sendo o que, no "corpo da Cabala", corresponderia, por exemplo, à *Trimurti* dos hindus.

Diversas linhagens da Cabala não admitem essa analogia ou, em outras palavras, esse tipo de aproximação que será reproduzida a seguir. A que consta no *"Secretum"*, observa e aborda esse tema com propriedade, ainda que a minha visão pessoal venha a diferir tanto no aspecto mais amplo como nos detalhes, em relação ao que se encontra posto como versão final sobre essa questão.

Vou, portanto, continuar a reproduzir mais alguns textos do livro *"Secretum"*, para poder aprofundar e complicar só um pouco mais essa temática que, por ela mesma, já é bastante complexa.

"Todavia, mesmo o termo Manifestação (que implica uma Revelação da parte da Divindade mostrando aquilo que Ela é) deve ser moderado quanto ao seu sentido: com efeito, o Ponto de Luz, "Deus", Kether, guarda uma face virada em direção ao Nome Manifestado; é por isso que A chamamos "a Luz Imersa", e o que Ela aceita manifestar (Sua Luz reluzente, a face Não Imersa), mesmo isto, Ela cobrirá, assim que acabarmos de precisá-lo.

Este véu será atravessado quando a Consciência da criatura, fazendo Um com Seu Criador, for absorvida n'Ele. Aí então, há verdadeiramente conhecimento da Divindade, pois é retorno à Centralidade da Origem. Mas ninguém, que Lá foi absorvido, voltou para dizer...

Contudo, aqueles que se aproximaram, são Aqueles Dos Quais nós detemos os Ensinamentos, reveladores do Caminho a seguir para conhecermos, nós mesmos, esta Luz que ninguém pôde descrever."

Essa é a crença dos cabalistas!

A "grande comprovação" feita pelos estudiosos da Cabala se resume ao conhecimento de que, efetivamente, *"Este véu será atravessado quando a Consciência da criatura, fazendo Um com Seu Criador, for absorvida n'Ele".*

15ª Constatação:

Só que o sentido desse processo é exatamente o inverso, porque é a consciência humana quem está cedendo as suas conquistas evolutivas, e as mesmas estão sendo apreendidas, absorvidas por esse Ser necessitado do concurso das suas criaturas. Os cabalistas, porém, com toda boa vontade e nobreza, inverteram o sentido de como essas relações acontecem por aqui.

"Tornar-se uno com Deus" é algo absolutamente diferente do que esse manual dos cabalistas propõe. O primeiro passo é ter um nível de compreensão que permita formar uma consciência esclarecida sobre os contextos espiritual e cósmico que existem por trás do que a ingenuidade humana foi levada e condicionada a pensar.

Indo, a seguir, no sentido da analogia com o conceito da *"Trimurti"*, exponho os famosos "véus" da Cabala, que, no livro *"Secretum"*, aparecem como "premissas da Manifestação" sob o modo metafórico de um triângulo latente.

"A Existência-Uma, a Divindade Eterna, exterioriza Sua Tripla Natureza gerando outra Triplicidade que a Kabbala chama "os Três Véus" da Divindade Não Manifestada:

1. *A Sabedoria Absoluta, Consciência Absoluta: expressão da Eternidade. É o "Ain" da Kabbala cujo conceito é mal tomado pelo nada habitualmente relacionado com a esta palavra.*

2. *A Sabedoria sem Limites: expressão do Espaço ou Globalidade Eterna. É "Ain Soph" da Kabbala.*
3. *A Sabedoria Sem Limites Iluminada: expressão do Movimento Eterno, Sopro Primordial em si mesmo e Essência da Vida. É "Ain Soph Aur" da Kabbala.*

Esses Três Véus ou outra Expressão Trinitária da Divindade Eterna são a raiz do que aqui se tornará — mas atenção, isto não o é ainda — a Manifestação Divina. "O Primeiro Ternário ou Ternário Manifestado" dos Pitagóricos, a "Triade Superior" dos Kabbalistas, "a Trimurti" dos Hinduístas e a "Santa Trindade" dos Cristãos.

Assim, a "Sabedoria sem Limites Iluminada", "o Terceiro Véu" (Ain Soph Aur), se torna por sua vez, geradora de outra Trindade. Ela engendrará um Ponto, o Um, novamente: um Ponto brilhante de Luz, esta não sendo ainda a Luz "branca" que nós apreendemos na Criação. Ela é, comparada a esta última, "uma Luz obscura", ligada à Noite do Espírito.

É este Ponto, esta unidade, esta unidade reluzente de Luz e portadora das potencialidades da Existência Única Não Manifestada, que se torna o Um Criador, o Um de onde emergirá a Verdadeira Manifestação da Divindade. É a revelação deste Ponto em Ternário que dará nascimento ao que a Kabbala chama "a Tríade Superior", o Primeiro Ternário.

A emergência deste Ponto de Luz é chamada pela Kabbala de "Sephirah", o que significa o Número, o Um, Ponto que se "velará" também, naquilo que ele vai gerar.

Assim, mesmo manifestada, a Divindade Eterna permanece sempre recoberta de véus, estes serão Sua Manifestação Mesma e Sua Criação."

Infelizmente, apesar do arranjo aparentemente sofisticado desses termos cabalísticos, nos moldes em que particularmente enxergo a questão, as fraquezas e as fragilidades de Javé, o "deus dos judeus", ou de *Kether*, a **Primeira *Sefirah*** da "Árvore da Vida", **foram transformadas em "véus"** pela Cabala, que se utilizou, para tanto, do conceito de "Manifestação", que emerge dos seus postulados.

Desfigurado ou mesmo corretamente retratado pelas tradições ocultas atreladas ao judaísmo místico, o fato é que Javé existe, só que, conforme penso, nada tem desse "Deus" que os crentes cabalísticos apontam, mas apresenta correspondência com o Ser que foi considerado, pelo judaísmo, como sendo o "deus bíblico", "o deus dos exércitos", enfim, o Senhor Javé, a quem os humanos teriam que temer.

O perfil de *Kether*, apresentado pela Cabala, é muito diferente, em grau e em tipo, do que as tradições bíblicas da *"Torah"*, do *"Talmude"*, sob a perspectiva judaica, e do *"Antigo Testamento"*, sob a cristã, legaram para a posteridade.

O contexto ficou tão confuso que, em perdendo profundidade devido ao modo como as análises de cada época foram se procedendo, terminou se tornando superficial e mesmo pitoresco no que se refere ao **entendimento em torno do Criador, confundido com "Deus".**

O filósofo Blaise Pascal[2] se utiliza de um parâmetro muito interessante sobre essa questão, que é conhecido como "o argumento da aposta". Diz ele:

"Ou há um Deus cristão ou não há um Deus cristão. Suponha que você acredite na existência Dele e que observa uma vida cristã. Então, se Ele realmente existir, você gozará da felicidade eterna. Se Ele não existir, você perderá muito pouco. Mas suponha que você não acredita na existência d'Ele e que não observa uma vida cristã. Se Ele não existir, você não perderá nada; mas, se Ele existir, você será condenado por toda a eternidade! Então é racional e prudente acreditar na existência de Deus e observar uma vida cristã."

Óbvio que o argumento de Pascal não tem como objetivo provar que Deus existe ou não, mas sim, o de convencer o descrente que é uma escolha razoável acreditar nele ou, pelo menos, apostar na sua existência.

O *"Homo bíblico"* (alusão ao comportamento religioso dos atuais *"Homo sapiens sapiens"* que seguem a *"Bíblia"*), no mínimo, é um tipo de ser humano que aposta na existência desse Ser, ainda que os mais modernos não levem lá muito a sério que haja "Alguém" com aquelas características absurdas e estranhas. Já outros, acreditam, e por isto o temem, ainda que preferissem um "deus" como o da Cabala, que é retratado com os atributos de "justo e bondoso".

Judeus há que acreditam em Javé e o temem; outros que não acreditam que possa existir um Ente como ele; outros levam nos seus corações o "deus da Cabala", e não o da *"Torah"*, existindo ainda aqueles absolutamente despreocupados se efetivamente há "alguém" desempenhando esse papel.

Para minha sorte, das relações fraternais que tive e ainda tenho com irmãos e irmãs judeus, todos eles apresentam um senso de humor elevado em relação a essa questão. Valem pelo que têm nos seus corações e o bem que se percebe nas suas atitudes.

Sempre que interajo com alguma faceta das tradições judaica, bramânica, católica, protestante ou islâmica, por algum motivo, surge no meu psiquismo a inquietação de que esse contexto surgiu como desdobramento das "insistências esquisitas" de Javé em torno dos seus desígnios e das escolhas que ele fez. Estas sempre levaram os tais "escolhidos do momento" a se sentirem isso e aquilo, quando, talvez, o melhor fosse não terem sentido nada. Achar-se algo, mais especificamente um "eleito por deus", parece ser uma atitude mental não muito condizente para um ser humano que espera ter um futuro decente e tranquilo no campo das descobertas pessoais.

No caso dos judeus, pesa-lhes sobre a sensibilidade histórica, a condição de se considerarem os primeiros e únicos "escolhidos" – o que significa que se "acham", muito mais do que qualquer outro povo, os "escolhidos" do Senhor Javé.

Os próprios judeus contam uma piada sobre si mesmos que muito demonstra a grandeza que pensam ostentar até quando nada possuem.

Slavoj Zizek[3] assim a reproduz:

"Há uma antiga piada judaica sobre um grupo de judeus que admite publicamente, em uma sinagoga, sua nulidade aos olhos de deus. Primeiro, um rabino se levanta e diz: "Ó Deus, sei que sou inútil, não sou nada!". Quando o rabino termina, um rico comerciante se levante e, batendo no peito, diz: "Ó Senhor, também sou inútil, obcecado pela riqueza material, não sou nada!". Depois desse espetáculo, um pobre judeu do povo também se levanta e proclama: "Ó Deus, não sou nada...". O rico comerciante cutuca o rabino e sussurra no ouvido dele com desdém: "Que insolência! Quem é esse sujeito que ousa afirmar que também não é nada?!". Desse modo, há também um nada "positivo" que abre espaço para a criatividade, e habitar nesse nada — sê-lo — é mais do que ser algo. Na tradição ocidental, essa tensão interna do "nada", foi formulada primeiramente na cabala, a propósito dos dois termos usados para representar o "nada", ayin e afisah. Numa primeira abordagem, o nada é a "barreira que a faculdade intelectual humana enfrenta quando chega ao limite de sua capacidade. (...) há um campo que nenhum ser criado pode compreender intelectualmente, e que, por isso, só pode ser definido como "nada". No entanto, essa simples noção do nada como designação negativa da transcendência absoluta de Deus é desenvolvida de uma maneira muito mais inquietante; primeiro, na base desse conceito, a doutrina tradicional de "creatio ex nihilo" é transformada em "uma teoria mística que declara o oposto preciso do que parece ser o significado literal da expressão. Nesse sentido tradicional, "creatio ex nihilo" indica que Deus criou a realidade de uma maneira radical: ele não só transforma ou (re)organiza uma coisa

preexistente, ele efetivamente postula o Universo criado "a partir do nada", sem se basear em nenhuma realidade preexistente. Em seu novo significado, ele implica o "oposto preciso": "o surgimento de todas as coisas a partir do nada absoluto de Deus". O "nada" é o nada do próprio Deus (ou daquilo que é o próprio Deus), isto é, a creatio ex nihilo indica que uma coisa aparece "do nada" e não é causada por um fundamento identificável. (Nesse sentido, o milagre da creatio ex nihilo também acontece na nossa realidade ordinária, quando um objeto bem conhecido adquire de repente, "do nada", uma nova dimensão)."

Particularmente, tenho considerado as mais desprovidas de lógica, as desculpas dos ditos filósofos que encerram o assunto sobre a definição do "nada" – ainda que construam conceitos paralelos como os cabalistas o fazem – como sendo algo inevitável, quando nunca o foi.

O que sempre aconteceu é que a cegueira os impediu e impede de colocarem no lugar desse "nada" existente antes da Criação, uma "Consciência Criativa problemática", que agiu a partir de um "Ambiente Espiritual" que já existia muito antes desta Obra, e que errou gravemente no que pretendeu fazer, e parece que mais ainda se enganou no modo como a expressou, sendo o universo no qual vivemos, somente uma de suas faces.

Parece ser elegante e rebuscado, quando é só vazio de significado chamar o "nada" de "designação negativa da transcendência absoluta de Deus" ou mesmo atribuir grau diferente ao significado do "nada", elevando-o a um outro Ambiente Existencial vinculado a Deus, e de onde este poderia, então, ter atuado, criativamente falando.

A própria Física Quântica requer uma Consciência/Observador que cria e faz colapsar, dentre muitas funções de ondas-possibilidades, a que esta escolhe para ser manifestada. Essa Consciência também poderia ser entendida como Observador/Influenciador/Criador, cujos "movimentos mentais" fariam emergir uma Criação que, aos olhos alheios de quem passa a viver no seu âmbito interno, pareceria ser uma dimensão surgida a partir do nada.

Infelizmente, enquanto os filósofos e teólogos – que falam como se o fossem – não compreenderem os avançados postulados quânticos que tratam dessa Consciência, a base, a causa e o agente de qualquer Criação sempre parecerão exatamente o enredo incompreensível apontado por Zizek, que procura forçar a análise, atribuindo um "Produto defeituoso" a uma "Causa perfeita" ou mesmo destituído de qualquer causa, o que, convenhamos, é uma piada lógica.

Não é somente o "nada" dos nossos irmãos judeus que não é exatamente o que a lógica semântica até poderia indicar. A questão é que o "nada" – que criou a Singularidade que a tudo gerou –, tanto o apontado por filósofos como por cientistas, parecem indicar motivos, processos e agentes ocultos, porém nenhum desses tem a honestidade de assumir o que a Física Quântica há muito já garante: **que não existe esse tipo de "nada", de "vazio", pelo menos no que se refere ao espaço-tempo em que vivemos.**

Continua o notável filósofo Zizec, na sua tentativa de abordar o "nada" filosófico:

"Mas há algo mais a dizer sobre isso. A premissa subjacente da ideia de "nada" como primeiro ato da (auto)manifestação divina é que "como na realidade não há diferenciação no primeiro passo de Deus rumo à manifestação, esse passo não pode ser definido de maneira qualitativa, e por isso só pode ser descrito como "nada". Essa constatação é bastante refinada: antes de se diferenciar de suas criaturas, antes de postular os entes criados como distintos de si. Deus tem de abrir um vazio em si mesmo, isto é, criar espaço para a criação: em outras palavras, antes de determinar as diferenças, tem de haver uma diferença pura, uma diferença na intensidade pura que não pode ser identificada com qualquer distinção nas

qualidades ou propriedades. Para termos uma ideia disso, recordemos a experiência comum de como — digamos, ao nos apaixonarmos — o objeto pode misteriosamente sofrer uma transubstanciação radical, "nada mais é o mesmo", embora pareça, em termos empíricos, ser exatamente o mesmo. (...)

Isso significa que há uma reversão dialética hegeliana a ser realizada aqui; a oposição inicial — o "nada" como modo de aparição (para nós, mentes finitas) da efetividade infinita do poder criativo de Deus, isto é, como o "para-nós" do Em-si divino imperscrutável — deve ser invertida, de modo que Deus como Criador supremo, como o ser supremo, seja, ao contrário, o modo como o "nada" tem de aparecer para nós, mentes finitas. Dessa perspectiva, na verdade, é o nada que representa o Em-si divino e a miragem de Deus como Ser Supremo para Deus no modo de sua aparência, em seu "para nós".”

Entendeu? Caso não, preocupe-se menos ainda, pois tanto faz, nesse caso, alguma compreensão ou nenhuma, uma vez que irrelevante. O aparente rebuscamento mais parecem curvas tortuosas em torno de "nada", pois não sobra qualquer explicação conceituável útil ou aferível pelos fatos manifestados no contexto dos fenômenos aos quais chamamos de "vida". Contudo, academicamente, é esse tipo de temática que os filósofos têm discutido sobre questões metafísicas e transcendentes, e que Hegel trouxe para o jogo dialético, notadamente o da Criação e da explicação sobre a "Santíssima Trindade", aspectos que abordo em outros livros.

A que ponto a análise filosófica chega, na tentativa de estabelecer uma explicação que justifique o absurdo, para que este seja tomado por "sagrado", como ao se afirmar que *"Deus tem de abrir um vazio em si mesmo"* para *"criar espaço para a criação"*, teorizando critérios filosóficos, quando os mesmos não são aplicáveis?

Infelizmente, a Cabala enveredou por esse caminho em que

a explicação confusa, mas com aparência de rebuscada, vem sendo utilizada para **dar como sabido questões de crença, como se fossem produto de discussão filosófica.**

Às vezes, quando no trato das ratificações dos postulados religiosos, os filósofos parecem aquele aluno que, ao ser questionado sobre o dever de casa, responde que não o fez porque mora em apartamento, por exemplo. Ou seja, apegam-se a noções conceituais pequenas para produzirem justificativas grandiosas que combinem com suas conveniências no campo da crença.

Toda essa "esquisitice filosófica" mais parece um romance de gosto duvidoso, no qual o final tem de se enquadrar na confirmação de que a crença no "deus dos judeus, dos católicos, dos muçulmanos" precisa existir, porque assim foi estabelecido.

O "drama" dessa história é o de que esse Ser é efetivamente real, pois ele foi o Criador "equivocado" que terminou se transformando em um "refém" a mais da própria Criação, mas que – reafirmo – não se trata do Deus Verdadeiro. Muito diferente disso, espiritualmente falando, **ele é um pobre desventurado, necessitado de ajuda.**

Sob a perspectiva dos planos de existência da Cabala, expressos na sua "Árvore da Vida" como sendo quatro (*"Atziluth"*, *"Briah"*, *"Yetzirah"* e *"Assiah"*, abordados no capítulo *"6. Os Planos de Existência da Cabala"*, deste livro), apenas para que possamos compreender a magnitude da intenção da revelação cabalística, a **mitologia nórdica** aponta tão somente dois desses níveis dimensionais na sua também denominada "Árvore da Vida".

No caso, dos nove mundos do mito nórdico, oito deles pertencem ao contexto do *"Yetzirah"*, que corresponde ao "Universo da Formação e dos Anjos" – o que, conforme já expliquei, tenho chamado de *"Brahmaloka"*, o universo antimaterial.

O outro mundo, no caso *"Midgard"*, o físico-terrestre, pertence ao contexto do *"Assiah"*, que corresponde ao "Universo da Ação", à dimensão material – ao *"Bhuloka"* da mitologia védica-ariana-hindu, ou seja, o nosso universo físico biológico.

Por que isso?

Muito simples: porque todas as demais revelações com caráter de epifania ou não, ocorreram em tempos bem anteriores ao que Javé decidiu fazer a Cabala, a revelação mais moderna sobre o seu poder, ao tempo em que ele ainda pensava em renovar a força do judaísmo, frente às concorrências do bramanismo e do cristianismo então nascente, este último considerado, conforme a sua lógica, uma "traição" de Jesus.

Óbvio que, na época em que Javé entregou a Cabala, ainda não havia sequer sonhado que, quatro séculos depois, decidiria formular também o islamismo, por meio de Maomé. Ele somente optou pela tradição muçulmana-árabe quando percebeu que o catolicismo romano sumira com a sua face no esquema das Hipóstases da "Santíssima Trindade", elaborada no ano 325 da Era Cristã, ao tempo do Concílio de Niceia.

Pelo que julgo entender do que Javé pensa atualmente, a respeito de tudo o que ele formulou por meio dos seus Anjos e dos humanos "escolhidos", a Cabala e o Corão são as suas duas grandes obras, que englobariam as demais, feitas desde a Antiguidade, como, por exemplo, as introduzidas via Enoch, Gomer, Moisés e demais profetas, e Jesus, dentre outros.

Em pleno ano de 2020, esse Ser ainda tem a visão de que o islã, e como segunda opção, o judaísmo, seriam as suas melhores versões para o domínio planetário. Desse modo, ele segue na sua insistente perseverança – pura "teimosia mental" – de que o melhor para os humanos é viverem submetidos a um domínio ditatorial teocrático, obviamente sob o seu controle, e não sob os efeitos dos riscos e dos desvios inerentes à democracia.

Segundo ele, as demais espécies da sua Criação concordam com esse seu desígnio!

Por diversas razões, discordo de Javé e penso mesmo que isso pode até servir para as demais espécies anteriormente surgidas na História Universal. Entretanto, desde que, nesse **"jogo evolutivo algo aleatório e meio dirigido"**, emergiu para a vida uma espécie com a natureza psíquica como a que marca a humanidade terrestre, esse conceito não mais se aplica!

Apesar de discordar, faço questão de deixar registrada a opinião de Javé, apenas para tentar ser honesto com ele, aspecto que o Criador jamais se preocupou em aplicar aos terráqueos. Contudo, cada um dá o que tem!

O sistema teocrático defendido por Javé em benefício dele mesmo, trouxe-nos até esse impasse esquisito e estéril, cuja resolução necessita da criatividade e da ousadia humanas, ainda que em risco de permanente erro. Todavia, sem o nosso concurso livre da "dominação infecciosa", não haverá futuro para ele nem para ninguém mais no âmbito desta Criação.

Pena que, por enquanto, poucas Consciências, dentre as que se sentem obrigadas a existir por aqui, pensem dessa maneira!

9

A CIÊNCIA SECRETA

A Cabala e o mistério sempre caminharam juntos e, se bem percebermos, o que colecionamos como "mistério", permanentemente tem ocupado um espaço incomensurável no arcabouço dos temas centrais que preocupam a humanidade.

Mesmo com o avanço das ciências, esse espaço preenchido pelo que nos acostumamos a classificar como sendo "misterioso", que a princípio deveria diminuir com o progresso tecnológico e das demais áreas, continua praticamente como se estacionado e imperioso, uma vez que continuamos tendo a inquietante dificuldade em responder as questões básicas da nossa filosofia existencial.

Em pleno século XXI, o ser humano não sabe quem é, de onde veio, por que vive e qual o significado de todo este contexto que envolve a sua vida.

Pela primeira vez, desde que a criatura humana se tornou racional, essas questões colocadas acima estão sendo consideradas pelas abordagens da "Revelação Cósmica", ainda que esta não tenha se tornado visível para o conhecimento, porque desagrada e desmonta todo o "edifício de crença" antes construído com o "cimento da ingenuidade", e seu tempo ainda não chegou para que seja consumada como o "divisor de águas" da história no campo da compreensão humana.

Somente a "Revelação Cósmica", associada a tudo o que já foi revelado no passado, ainda que independente dos limites impostos pelas épocas, poderá redimensionar o que costumamos entender como sendo o "mistério que nos rodeia".

Compreender o "problema" do Criador "caído", da Criação "indevida" e de seus desdobramentos, é o passo inicial de uma longa caminhada para que se possa chegar, não ao "fim do mistério" de todas as questões, mas, pelo menos, das perguntas da nossa busca existencial, anteriormente referidas.

16ª Constatação:
Muitas das teologias que foram inventadas para explicar e resolver diversos desses mistérios, simplesmente aumentaram a distância do que, por si só, já parecia ser inalcançável. Conforme penso, muitas das formulações conceituais dos cabalistas são desnecessárias e tortuosas, até porque, se o objetivo era o de bem diferenciar os seus postulados do que consta na mitologia, esqueceram-se que a grandeza desta última reside exatamente na sua simplicidade descritiva.

Nem sempre o que, a princípio, parece ser mais rebuscado, significa, necessariamente, correção de rumo interpretativo ou conceitual.

O ocultismo, de um modo geral, cometeu esse equívoco na ratificação do que os seus agentes julgavam como esotérico (a "face oculta", ou seja, de conhecimento restrito e de domínio apenas de iniciados), para, assim, manter os temas afastados do público em geral, restando a este apenas a temática exotérica (a "face pública", ou seja, de conhecimento comum e de domínio público) e mesmo simplória do "pão e circo", que tem alimentado o "rebanho humano".

Penso que exageraram na dose, e os "Grandes Mistérios"

que envolvem a Criação Universal, a vida e a emergência dos humanos nesta história, tornou-se demasiadamente esotérico até para os supostos iniciados de todas as épocas.

Ao invés da simples definição de uma Tríade com a face energético-comportamental específica de cada uma de suas Entidades formadoras, como os sistemas filosóficos do hinduísmo fizeram, os cabalistas, para exprimir o mesmo entendimento, afirmam que:

"O Pensamento Divino, contido em Kether, engendrou o Verbo, o Som Único, este sim, que funcionará como verdadeiro Criador e, em assim sendo, este Verbo será a Segunda Expressão Divina, Chokmah, a qual exprimirá a outra polaridade que Kether continha em latência: Binah. Este Ternário, assim engendrado, é a "Tríade Superior", "Deus Um em Três", "manifestado"."

Como se pode notar na afirmação acima, a subjetividade no trato do que já é misterioso termina trilhando caminhos cuja sinalização, muitas vezes, leva o ser humano a lugar nenhum.

Tristemente, o mesmo se constata nos ambientes espirituais adjacentes à realidade biológica, quando as consciências desencarnadas que se tomavam como "importantes e pretensas autoridades nessa ou naquela doutrina", ao lá chegarem, percebem-se tão ignorantes como sempre foram. Pelo menos, o aspecto que salva a esses e a todos nós, é o "pouco de amor" que conseguimos realizar em nós mesmos e em relação àqueles com os quais convivemos.

Assim, não é mesmo conveniente que, no trato com as matérias do ocultismo e das ciências secretas, como a Cabala – que se considera mais misteriosa que outras sendas –, pretendamos ter certezas as quais, na condição humana, ainda não encontraram o seu devido tempo de mudança em relação ao campo do incompreensível e misterioso para o dos painéis decodificados pela compreensão do ser humano que já apresenta uma consciência esclarecida.

Feita essa prudente advertência na lida com o que é ainda considerado, portanto, como sendo mistério, vou procurar ressaltar outros aspectos que compõem o que os estudiosos chamam de "ciência secreta da Cabala".

No capítulo *"6. Os Planos de Existência da Cabala"*, deste livro, abordei essa ciência secreta a partir dos seus **quatro planos ou dimensões existenciais, das dez *"Sefiroth"* e as suas Manifestações**, e, a seguir, explicarei o que, em hebraico, é expresso como sendo *"Etz chiim"*, que significa a já abordada concepção da Criação em "Dez Emanações", só que, agora, acrescida da percepção das **"Vinte e Duas Sendas"**.

Tomando, mais uma vez, o já citado livro *"Secretum"* como base, nele está enunciado que:

"A Kabbala representa o Universo Manifestado por meio de um Esquema que tem aproximadamente o aspecto de uma árvore chamada "Árvore da Vida".

Este esquema é um glifo pedagógico que permite apreender as Leis do Universo — palavra que implicará doravante o adjetivo manifestado — e então do nosso Sistema Solar, e as utilizar a fim de melhor compreender:

- *nossa Esfera de existência: a Terra;*
- *nossa situação física, psíquica, mental e espiritual;*
- *como nos desprender de nossa condição humana acedendo a um estado de consciência do ser, qualidade do "divino".*

Este esquema permite, então, compreender:

- *Os Princípios criadores do Universo.*
- *A Circulação da Energia Divina neste Universo.*
- *A diferenciação desta Energia em vários tipos de Energias.*
- *A hierarquização destas Energias entre elas.*

Em consequência, se compreendermos bem todo o processo da circulação da Energia Divina Única no Universo Manifestado...

sabemos como agir por nossa conta sobre a Terra a fim de mudar as circunstâncias de nossa vida, pois as Leis que regem o Universo são aquelas que regem nosso Sistema Solar ("nosso" Universo), nosso Sistema Terrestre e nossa individualidade. "O que está no alto é como aquilo que está em baixo..."

Para facilitar a compreensão da Organização das Forças Universais, situamos, segundo a Kabbala, no Cimo desta Árvore Simbólica, Kether, a Energia Divina Pura, não ainda diferenciado, isto é, que não exprime ainda suas múltiplas Qualidades (Sabedoria, Compreensão, Misericórdia, Rigor, Amor, etc.).

Ao pé desta árvore, colocamos a Terra e todos mundos de matéria densa, tais como podem ser percebidos pelos telescópios.

Entre o cimo e o pé, sobre o conjunto da folhagem desta Árvore, imaginamos as diferentes Qualidades Divinas que cria cada uma, na medida em que Elas se exprimem sobre os galhos, um Mundo cada vez mais denso. Os mais sutis são aqueles que se aproximam do Cimo da Árvore, e o mais denso é aquele que toca os Pés.

Tal é o simbolismo sintético da Árvore da Vida Kabbalística."

Sobre os circuitos de ligação entre as "Dez Qualidades e Emanações Divinas" que compõem a "Árvore da Vida", o autor Helvécio Resende Junior nos explica o seguinte:

"As relações que se estabelecem de uma Emanação à outra, isto é, de um Centro de Energia a Outro, mostram como, por suas combinações, o Universo se move. Estas ligações são chamadas **"Sendas"** *("Cineroth em Hebraico). Elas estão em número de vinte e duas, cada uma delas correspondendo a uma das Vinte e Duas Letras do alfabeto Hebraico.*

Cada uma destas representa uma Expressão do "Verbo Criador" — isto é, da Sua Primeira emissão pela Divindade Eterna quando da primeira fase de Sua Manifestação — e é "criadora" em si mesma.

Saber combinar estas Vinte e Duas Letras, que são, na verdade,

Vinte e Dois Sons de Poder, equivale a conhecer a manipulação das Energias Cósmicas. Está aí o segredo e a realidade da Verdadeira Kabbala."

Esse é um dos aspectos da crença dos cabalistas, que repousa na **"correta utilização", seja mental ou vocal, de cada uma das 22 letras do alfabeto hebraico,** que produziria a **"senda de poder específica"** de cada padrão emanado pela "deidade", ao ter, lá atrás, no tempo da evolução terrestre, elaborado o alfabeto do povo hebreu já com essa destinação.

Segundo Helena Petrovna Blavatsky[1]:

"A ciência esotérica ensina que todo som do mundo visível desperta seu som correspondente nos reinos invisíveis, e põe em ação alguma força oculta da natureza. E mais, cada som corresponde-se com uma cor, um número e uma sensação em ou outro plano. Todos os sons têm seu eco nos elementos superiores e, ainda no plano físico, põem em ação as vidas que formigueiam na atmosfera terrestre."

Ainda conforme o livro *"Secretum"*, sobre a mesma questão, verifica-se que:

"O alfabeto hebraico possui várias analogias que são suscetíveis de propiciar revelações normalmente ocultas no íntimo dos caracteres das letras que o compõem. Relaciona-se com tudo aquilo que representa nos quatro mundos kabbalísticos, ou seja, nos Mundos de Atziluth, Briah, Yetzirah e Assiah e o próprio ser criado logicamente, uma vez que foi emanado do Princípio Único Universal. A Escritura hebraica afirma ter sido composta sob a influência direta do Eterno, ou sob a inspiração das grandes hierarquias Celestiais, que colocaram neste alfabeto todos os Mistérios do Universo e as relações Homem-Divindade em todos os aspectos.

Nas letras hebraicas nota-se a correspondência entre o micro e o Macrocosmo e o próprio simbolismo da Unidade Cósmica que o plano superior e a esfera inferior revelam. As letras hebraicas fundamentam-se e representam com seu simbolismo os reflexos de todos os princípios imutáveis, na multiplicação de suas formas e na presença das ideias divinas contidas nas inumeráveis variedades da criação.

Desta forma, meditar sobre seus aspectos equivale a procurar seu verdadeiro significado, alargando a compreensão das forças e das Leis Cósmicas, que regem os seres e os Mundos. Os símbolos desse antigo alfabeto contêm na sua origem, os mistérios do Gênesis e os segredos do Apocalipse; a Queda e a Reintegração do homem; as chaves, enfim, da definitiva regeneração deste, com a natureza envolvente e com o próprio Senhor do Mundo.

(...)

O alfabeto hebraico deve ser estudado, primeiro, letra por letra, procurando a compreensão de sua individualidade no plano da forma da imagem. Posteriormente, seus caracteres devem ser relacionados com as correspondências existentes no plano moral, correspondências estas reveladas através da Ciência Mãe do Esoterismo Tradicional, a Astrologia Hermética.

(...)

Relacionamento com as origens dos grupos dos quais cada letra faz parte nos remetem aos diversos Mundos da Criação. As analogias que de passagem sugerimos com outras ciências, como a Astrologia Hermética, a Ciências dos Tattwas, a Kabbala Judaica e o próprio Tarô, sem esquecer do Yoga, tudo isso significa que há uma interdependência entre essas disciplinas com todos os Conhecimentos Tradicionais, onde tem sabedorias ocultas em suas escolas e obras, à espera dos buscadores da Verdade.

(...)

A Kabbala tem métodos perfeitos para fazer o homem 'despertar'. Deve-se entender por 'despertar' o fato de alcançar um estado de consciência infinitamente superior ao habitual nos seres humanos, em que nem a mente nem as emoções possam alterar a paz e a alegria que se produzem neste bendito estado, no que Deus, *sem importar o nome que lhe demos, se expressa com infinita doçura no sacrário do coração daquele, que sendo 'bom e perseverante' merece o dom da **Shekinah (a percepção da divina presença)."**

Conforme acreditam os cabalistas, **essa é a maior das conquistas a ser realizada pelos que habitam a Terra** e que ousam caminhar pelas estradas da vida observando as sinalizações dessa matéria tida como uma ciência muito especial.

Só para ressaltar mais um aspecto desse contexto oculto, as religiões populares são tidas como exotéricas, enquanto determinadas doutrinas que apresentam conteúdos mais complicados e complexos – que não podiam e, tristemente, ainda não podem ser compreendidas na atualidade – sempre foram consideradas como esotéricas, conforme já referido anteriormente.

Sobre esse tema, a questão é que não existe somente uma, mas algumas ciências secretas, assim consideradas pelos seus adeptos, cujas formulações se assentam nas crenças que conseguem angariar dos mesmos. Infelizmente, ainda que se utilize a expressão "ciência", essa não é bem uma abordagem que possa ser entendida como científica.

De todo modo, indo para as doutrinas mais importantes do que poderia ser considerado "ciência secreta", existem três focos de revelação, pelo menos, que, como outros estudiosos, penso serem os mais relevantes no campo do que chamamos "esoterismo", de maneira geral: a Cabala, a Teosofia e o Hermetismo.

Outros autores, porém, consideram apenas dois ramos principais que, de modo mais simplificado, representam as faces do Ocidente e do Oriente em relação ao tema e, para tanto, usam conceitos próprios para bem separar tais correntes.

O já referido escritor Helvécio de Resende Urbano Júnior afirma, sobre a questão:

"As ciências chamadas secretas apresentam-se sob duas modalidades: kabbalistas ou ocultistas, isto é, partidários da tradição ocidental ou hebraica; e teosóficos, isto é, partidários da tradição oriental ou sânscrita. Em outros termos: o sânscrito é a língua empregada por estes últimos para definir seu ensino, como o hebraico é a língua empregada pelos primeiros. Mas, se as duas correntes da tradição tiveram como origem comum a Inspiração do Além e quase não se distinguem nas teorias, tomaram depois um caráter distinto nos modos de ação. O ocultismo procura, com a expressão ou forma, deduzir o Invisível: pela harmonia na forma, faz a harmonia no espírito; e, portanto, caminhando da análise para a síntese, dá um apreço muito especial às fórmulas, as cerimônias, às tradições e às imagens.

A Teosofia procura com a ideia fazer a forma ou fórmula segundo a qual a Humanidade viverá feliz; e, portanto, vindo da síntese para análise, dá menos apreço às fórmulas que a ação direta da ideia ou comunhão do pensamento. (...)

Partindo-se do princípio de que o visível guarda uma relação constante com o invisível, chegaram os ocultistas à determinação do invisível pelo visível, do nômeno pelo fenômeno, da ideia pela forma: mas, do aparente chegarem ao conhecimento do oculto, lançaram mão de um método especial — o da analogia —, que cumpre não confundir com semelhança. Isto não quer dizer que desprezem o método indutivo, que parte do fato para a lei, do fenômeno para o axioma, método tão exclusivamente empregado pelos físicos, — nem o método dedutivo, que parte do axioma para o fato, método tão especialmente querido dos metafísicos e teólogos.

Mas os ocultistas, completando o método do físico com o do metafísico, chega ao analógico, que dá a real expressão da síntese antiga, e verifica a existência desta tripla gradação:

1º domínio infinito dos fatos;

2º domínio mais restrito das leis, ou das causas secundárias;

3º domínio ainda mais restrito dos princípios, ou das causas primárias.

Na natureza inteira o método analógico vai descobrir três termos. É assim que se encontram as mesmas partes componentes, quer no Homem, quer no Universo, quer em Deus; e é por isso que, assim como chamam o Universo de Macrocosmo, isto é, pequeno mundo.

A kabbala ensina que tudo vive, desde a matéria mais sólida até Deus. Uma troca perpétua fazendo-se entre todos os seres, a matéria envolve através dos reinos da Natureza e das raças humanas para o espírito; e reciprocamente, o espírito envolve para a matéria em condições determinadas.

Esta evolução nunca se dá sobre o mesmo planeta numa mesma idade; assim, pois, o animal é um vegetal evoluído, porém nunca se poderá ver sobre a Terra um vegetal tornar-se animal, porque esta transformação se opera no mundo invisível, entre os grandes ciclos, não sobre o próprio corpo, mas sobre o que fabricará o novo corpo material. (...)

Daí a existência de três mundos no Universo (criação), penetrando-se reciprocamente, unidos, mas ao mesmo tempo distintos: o mundo físico ou dos fatos, o mundo astral ou das leis e o mundo espiritual ou dos princípios. O homem que tem noção dos três mundos e os sente em si, é um Iniciado; aquele cuja noção não passa da sua astralidade é um Mago; o que tem apenas a noção do mundo físico, não pode ser mais que um sábio. Portanto, o Iniciado é senhor dos fatos, das leis e dos princípios; o Mago só conhece os fatos e as leis; o Sábio limita-se aos fatos."

Dessa maneira, em termos de aspecto prático na utilização dos epítetos **"iniciado"**, **"mago"** e **"sábio"**, é importante que se perceba que, para a época em que vivemos, a Cabala é praticamente a referência conceitual na qual se baseia a razão humana para bem defini-los, ainda que nem sempre tenha sido assim.

Entendo, também, que as definições associadas ao paralelismo do que, em relação ao que sobre elas se pode pensar a partir de outras dimensões da realidade, a experiência da lógica humana no trato com essa graduação relativa a "iniciado", "mago" e "sábio", talvez seja para lá de "modesta", porque é preciso se levar em conta toda a complexidade que a questão comporta, e ainda nos encontramos em plena "infantilidade espiritual"!

Esse é um dos temores que, particularmente, povoa o meu psiquismo quando me vejo perante pessoas que ocupam cargos, funções, e se enlevam pelos epítetos, expressões laudatórias, comendas e outros títulos mais que colecionam, e que fazem o psiquismo humano se preocupar bem mais com questões acessórias, em detrimento das essências. Lamentavelmente, muitas vezes, estas não têm como serem observadas pela condição humana, independente do seu título ou posição honorífica, por diversas razões.

Na situação planetária atual, infelizmente, todo um contexto de conhecimentos permanece classificado e mantido sob a tutela dos "Grandes Mistérios", que muitos iniciados, magos e sábios – além de outras autoridades religiosas – afirmam conhecer, porém carecem da demonstração prática do que alegam, quando se dizem doutores no assunto, pois usam do artifício de manter esotérico, oculto aos olhos profanos, os temas que os exotéricos não teriam mesmo como entender. Daí, a velha prudência das já conhecidas atitudes das escolas iniciáticas, escolas de mistério, de organizações e instituições diversas que, com toda boa vontade, assim agem na defesa do que julgam ser o melhor para a humanidade – o que respeito profundamente.

Muitos governos e órgãos ocultos que atuam no subterrâneo do poder mundial, justificam suas atitudes com a mesma tônica das iniciações ancestrais que, mesmo com todas as queimas de arquivos, conseguiram proteger verdadeiros tesouros do que nos restou do conhecimento vindo desse passado inglório. Contudo, o objetivo abjeto dos primeiros em nada corresponde ao propósito nobre dos últimos.

Finalizando o presente capítulo que aborda as questões "enigmáticas e secretas" constantes na Cabala e, notadamente, no uso das vinte e duas letras do alfabeto hebraico, reproduzirei, a seguir, o que publiquei no livro *"O Drama Cósmico de Javé"*[2], sobre o que considero ser a "maior realização intelectual" do Criador ao longo deste período da sua existência, no qual ele somente enxerga o problema que lhe foi causado pela liberdade da espécie humana, permanecendo, infelizmente, cego para outros rumos que a sua Criação, há muito, já poderia ter seguido:

*"Existe uma **linha-mestra** — que demonstra cabalmente o fato de que **há um "alguém" por trás dos acontecimentos cósmicos e terrenos** — que se encontra fortemente marcada em padrões amplos da história desta humanidade e está disponível em muitos aspectos para a decodificação do entendimento humano, apesar de não ser um processo simplista de fácil consecução. Exige sensibilidade e honestidade de princípios e de propósitos para ser antes vislumbrada e depois corretamente decodificada.*

*Vou aqui me valer em relação a um desses aspectos, exatamente o que acho o mais notável sobre a questão, que foi apresentado por Gregg Braden em seu livro "o Código de Deus" e que diz respeito ao fato de que **"alguém" deixou registrado nas bases químicas do DNA** que está **presente em cada célula humana**, um **código que revela o nome** com quatro letras do "alguém" que está por trás da criação da espécie humana terrestre.*

O nome deste "alguém" surge após o estudo comparado entre as quatro bases químicas que compõem a estrutura do nosso DNA, a numerologia cabalística, as letras dos alfabetos hebraicos e árabes, o peso atômico dos elementos químicos, dentre outros aspectos. São tantos os parâmetros em jogo que simplesmente é impossível a coincidência. E qual o nome que surge no estudo comparado apresentado magistralmente por Gregg Braden: YHWH, que quer dizer Javé, como hoje ele é chamado na nossa linguagem.

Como bem ressalta Braden, o nome desse ser criador que ele chama de Deus está inscrito em cada uma das células que compõem os nossos corpos e de todos os demais da natureza terrestre. Veja só caro (a) leitor (a) como o Senhor Javé se preocupou em transmitir para a posteridade a sua "assinatura" na obra por ele realizada. **Quanto ele se esforçou para que com o advento da ciência um dia esta humanidade pudesse decodificar quem estava por trás da criação da Terra, da vida que aqui existe e, por conseguinte, de todo o universo.**

O mesmo personagem que semeou na Terra a molécula-mãe que a tudo deu origem já o fez obviamente sabedor do código químico da vida nela existente. Este mesmo alguém, tempos depois, esteve por trás da construção do alfabeto hebraico quando da composição da Torah. O mesmo alguém, mais tarde, também esteve por trás da composição do alfabeto árabe, quando da recitação do Alcorão, sendo ainda o mesmo alguém a influenciar as interpretações cabalísticas presentes no judaísmo.

O que Gregg Braden demonstra em seu livro magistral é que o criador da vida na Terra fez absoluta questão de deixar escrito para a posteridade a versão judaica do seu "nome", alicerçado no que mais tarde seria por ele mesmo estabelecido, ou seja, o judaísmo e a linguagem judaica, através do que ele teria pessoalmente entregado a Moisés — a Torah — e o islamismo e a linguagem árabe, por meio da recitação do Alcorão ao seu servo Maomé. Mais ainda é que em ambas as revelações este alguém se afirmou como sendo o criador dos céus e da Terra e de tudo o que nesse contexto existe."

O que se concluí sobre isso?

Que existe "um Alguém" que se apresentou a este mundo, nas revelações mais antigas, como sendo "Brahma" (versão ariana/hindu), e nas mais recentes como "Javé" (versão judaica), e "Alá" (versão muçulmana/árabe), e que, desesperadamente, tentou construir uma ponte junto aos terráqueos, para que estes pudessem perceber a sua existência e a sua função de

Criador e de condutor do "Processo Político" deste universo, apesar dos seus "problemas."

Sinceramente, não sei quantas pessoas na Terra conseguem perceber esse aspecto patente, por misterioso que ele possa ainda parecer.

Cegueira de um lado e de outro, como poderemos seguir adiante?

"Sic mundus creatus est!" ("Assim, o mundo foi criado!")

10

O ABISMO DA LUZ

Neste ponto da abordagem, devo revelar a preocupação central que me levou a escrever o presente trabalho.

Ao longo dos últimos quinze anos, tenho convivido com este Ser que se apresenta aos humanos como "Javé", e também com alguns dos seus Anjos-clones, contingência esta que tenho explicado com detalhes em outros livros, e que me é profundamente desagradável.

O que posso constatar, por mim mesmo, é que, pelo fato de não ter me submetido aos desígnios do Criador nem aceitado o encargo de "novo escolhido" para um possível fechamento de toda a sua teofania, esses Seres começaram a me demonstrar, desde o ano de 2008, uma série de situações, às quais pouco me esforcei por compreendê-las e mesmo retê-las na minha memória, uma vez que, muito diferente disso, delas procurei fugir.

O corpo infartado em 2011, e as duas paradas cardíacas que se seguiram, foram decorrentes exatamente da contrariedade que essa convivência me provocava e ainda provoca.

De todo modo, dela recolhi uma série de temas pontuais do que eles me revelaram, sempre com a estranha "ordem" de que eu deveria lhes passar a minha opinião sobre o que me era demonstrado. Jamais as forneci para não alongar os períodos de convivência e, estranhamente, eles nunca pararam de provocar tais ocorrências ao meu redor. Não imaginava, na época, que muitas daquelas questões se transformariam em palestras e livros.

Foi o que ocorreu em relação à Cabala, quando eles me informaram o porquê do Criador ter decidido, ao longo do século III da Era Cristã, providenciar a sua revelação nos moldes em que, então, se deu.

Aos nossos olhos, as razões de Javé sempre parecerão simplórias e mesmo destituídas de qualquer padrão de sabedoria, ainda que ele e seus Anjos detenham níveis de conhecimento tecnológico infinitamente superior ao nosso.

Segundo o próprio Javé, quando o "Jesus ressuscitado" começou a revelar os "problemas" da Criação e do Criador – aspectos que ele somente pôde ter noção completa após deixar a condição humana, pois dela teve que se utilizar, enquanto Espírito, para melhor compreender o que antes não lhe era possível –, disso emergiu o movimento gnóstico, que **começou a tratar a figura do Criador "caído" como um Ser "doente e diabólico", enfim, para os gnósticos mais radicais, como o "diabo em pessoa".**

Por esse motivo, ele ordenou que **fosse providenciada a Cabala, como maneira de explicar a sua versão dos acontecimentos nos termos que, então, eram possíveis, e isso incluiria o parco nível de compreensão do próprio Javé sobre o que tinha acontecido com ele,** como também o das pessoas da época, notadamente, o do rabino Shimon Bar Yochai.

Teria sido assim que, mais uma vez, a tentativa de um ser humano explicar o impensável, produziu o paradoxo possível ao associar a "queda" de uma "Entidade Luminosa" a uma nova e vexaminosa situação de "Luz caída" na "Profundeza de um Abismo" gerado por ela mesma.

O *"Tzimtzum"* teve como resultado o "aprisionamento da

Luz numa Profundeza" que, quando comparada com a "Luz no Alto" – livre e ampla na sua "ação dhármica" (o *dharma* da água é molhar, do fogo é queimar, da luz é iluminar) de dar uma porção de si mesma a todos – agora "caída na Profundeza", tornou-se um **"vexaminoso Abismo de Luz"**.

Fingindo, porém, que o *"Tzimtzum"* não foi uma "queda", mas sim um processo "autoinfligido", movido por uma razão misteriosa que a ninguém é dado conhecer, a não ser ao próprio "deus", a Cabala costuma fazer convergir para *"Daath"* (o "Abismo de Luz", ou seja, a Criação "indevida") os "Quatro Elementos Primordiais": o "Ar de *Kether*", o "Fogo de *Chokmah*", a "Água de *Binah*" e o "recém-formado" elemento Terra.

Nessa consideração, porém, o "aspecto grandioso" a ser observado é que isso não acontece devido a um "problema", mas tão somente pela decisão do número "Três" já manifestado, ou seja, a Tríade Superior (***Kether***, ***Chokmah*** e ***Binah***), em formar o número "Quatro", a Terra (no sentido de "moradas" na "Profundeza" da Criação), compondo o "importante" primeiro Quaternário, e isso somente é possível em *"Daath"*.

De acordo com o já citado livro *"Secretum"*:

"Daath é "um Abismo de Luz" entre a Tríade Superior, e a multiplicação desta em Forças ou Emanações que constituirão a Criação na qual terão existência todos os Mundos e todos os seres que a povoam.

Daath constitui a fratura pela qual se realiza o fenômeno da "Separatividade", engendrando a Ilusão do Espaço e do Tempo. É esta Separatividade, suscetível de provocar "o retorno da Luz da Inteligência sobre ela mesma e não em direção a Kether", (a Única Fonte de Verdade), que, se não é vencida, gera provisoriamente o fenômeno do "mal"."

Essa é a única referência direta que a Cabala faz sobre a Teodiceia[1], quando indica a razão do mal como fundamentada no **mau uso da "Luz" que fazem os seres que se percebem vivendo em *"Daath"*,** por reterem para si algo que deveria ser repassado, devolvido ao Criador *Kether*.

Surge, aqui, o grande e jamais percebido "problema" entre a "Abelha-rainha" (Javé) e as "Abelhas-operárias" (os Anjos-clones), que não podem ter agenda própria porque foram engendradas tão somente para servir aos desígnios e caprichos da "Abelha-mãe".

Em outras palavras, Javé (ou *Kether*) bem que procurou deixar claro o que a desobediência humana causava no seu, vamos dizer, "processo alimentar", só que ninguém compreendeu, ainda que tenham dado tratamento teológico adequado à questão, quando a tratam como um "fator de separatividade".

A "escravidão" do que, no livro *A Divina Colmeia* procuro demonstrar ser a vida de todas as "criaturas-ferramentas" criadas tão somente para servir a esse "Ser-alfa", é exatamente resultado desse "algo" que surge em *"Daath"*, ainda que – torno a afirmar – os cabalistas o classifiquem como sendo "uma dádiva a ser agradecida a deus". No caso, ainda levamos, de "prêmio", **a culpa e a responsabilidade pelo surgimento do mal nas "Profundezas de um Vexame"** que jamais produzimos.

Desgraçadamente criados com todo tipo de "doença", **"trancafiados no Abismo" – a Criação "indevida" –,** cuja "Luz" mal se percebe, levados a acreditar que ainda assim ela existe, apesar da escuridão, e além do mais, somos considerados "culpados por existir", conforme a doutrina do "pecado original", e com "julgamento marcado" para aferição do que fizemos, sob pena de irmos para outro "Abismo", só que, agora, sem "Luz" alguma.

Os cabalistas também se referem a *"Daath"* como sendo o "Círculo Intransponível", ou seja, quem nele "mergulha", jamais consegue sair. Por quê? Porque somos incompetentes, pois jamais um ente criado conseguiu devolver para *Kether* a sua "Luz Pessoal emprestada", que apesar de "caída, infectada pela escuridão gerada pela queda", ainda assim, deve ser, essa "Luz suja", "inoculada nas criaturas-ferramentas" geradas em *"Daath"*, para que estas a realinhem e a devolvam para o "grande necessitado" que se serve do "favor divino" dos que por aqui existem.

Por que, em tese, ninguém pode sair? Devido à "blindagem" que protege o "Paraíso" em relação ao "acidente" ocorrido. *"Daath"* é uma Criação "blindada", transitória, cujos agentes que nela existem são meros corpos temporários, sustentados pela mente e energia de Consciências Espirituais, sejam as situadas além da mesma ou as literalmente nela já "mergulhadas" ou "caída" e, portanto, "infectadas".

A "Erraticidade" a que Allan Kardec se refere na "Revelação Espiritual", citada anteriormente, corresponde exatamente à parte improvisada, gerada dentro dessa "blindagem", para poder dar guarida aos Espíritos "infectados" que jamais conseguiram controlar seus "corpos humanos" – e de outros tipos – lá de fora da Criação.

"Daath" não é um lugar romântico nem muito menos agradável, e ainda produz a sensação de que é real e, além dele, nada mais parece existir, sendo esse efeito semelhante ao causado por *"Maya"*, no hinduísmo, compreendida por muitos como a Divindade que causa a "Ilusão".

O misterioso *"Daath"*, que conforme penso, refere-se ao nome desta Obra colapsada – para quem a vê de fora –, permanece com sua compreensão distorcida pelos cabalistas porque estes entendem que o "Abismo" se trata somente do nosso universo material, e não da Criação como um todo, incluindo o universo vizinho, ao qual eles denominam *"Yetzirah"*, por eles elevado à condição de "Paraíso", que o mesmo não tem, tanto que está se acabando.

Daqui a, no máximo, algumas centenas de milhões anos, talvez um pouco ou mesmo muito mais – dependendo do que os habitantes de lá consigam produzir – *"Yetzirah"* já terá se desconstituído. Isso fará com que *"Daath"* passe a conter somente *"Assiah"* e seus heroicos habitantes que, a essa altura, ainda tentarão "devolver" a "Luz", de modo consciente, sem a "infeção original", para quem dela necessita.

Nesses tempos futuros, o Ser-alpha *Kether*/Javé, "reconstruído" após a "queda" traduzida no *"Tzimtzum"*, já terá compreensão profunda do "drama" que ele gerou e poderá, então, ser grato às "Consciências Particularizadas" que "mergulharam" em *"Daath"* para ajudá-lo. Até lá, porém, haverá ainda muito vexame, desconforto e ingratidão.

Nietzsche[2], filósofo alemão, legou à posteridade a reflexão de que:

"Quem combate monstruosidades deve cuidar para que não se torne um monstro. E, se você olhar longamente para um abismo, o abismo também olha para dentro de você."

A sensação de que "o fundo de um abismo nos engole" é a mais dramática e incompreensível verdade em *"Daath"*, e deixo ao critério de quem "olha", elaborar a sua própria metáfora. Os cabalistas criaram a sua, mas a encheram de romantismo, como também fizeram os arianos e hindus e demais povos da Terra que, mesmo vivendo em *"Daath"*, perderam a noção de quão vexaminoso isto é, na realidade.

Ao longo dos últimos trinta anos em que tenho produzido algumas dezenas de livros sobre esses assuntos antes ocultos, às vezes me pego pensando como estaríamos na atualidade, se, há muito, o contexto do isolamento planetário tivesse sido rompido, e já soubéssemos o quanto de vida existe além das fronteiras do nosso conhecimento.

Pelo que julgo conhecer meio que forçado pelos fatos, e observando quão ignorantes e despreparados ainda somos para determinadas questões mais complexas da vida, talvez o *"Talmude"* esteja correto, no sentido da Criação, ao afirmar que:

"Se os olhos pudessem ver os demônios que povoam o universo, a existência seria impossível."

Provavelmente, sim!

Descobrir esse contexto me leva à condição de um "Frankenstein agonizante"[3], nos moldes em que advertiu Walton – o narrador epistolar do romance *"Frankenstein"*, de Mary Shelley –, que navegava pelas solidões do Ártico, procurando também romper os segredos terrestres:

"Procure a felicidade no tranquilo, arrede-se do ambicioso mesmo aparente, que possa destacá-lo no invento ou na descoberta."

Não é que eu estivesse procurando a felicidade nem desenvolvendo qualquer tipo de ambição, mas terminei descobrindo o maior dos assombros, e isso tem seu preço. Estou pagando!

Não sei se algum dia os cabalistas perceberão que **a Cabala foi elaborada não somente para os terráqueos, mas também e, principalmente, para parte dos tais 270 mundos referidos pelo *"Zohar"*.**

Realmente, não foi e muito menos é fácil expor, por meio de qualquer revelação, todos os painéis de uma Criação que teve "problemas" na sua gênese e no seu desenvolvimento, enfim, que "não deu certo", mas que passou a se sustentar em alguns pilares no campo da transformação incessante entre energia e matéria, que a mantém até esses dias, e que ainda dará suporte ao universo biológico por algumas dezenas de bilhões de anos – contados à moda do tempo terrestre. A dificuldade aumenta quando essa tentativa de elucidação expositiva – em nada hermética, como foi a que teve lugar no passado – almeja atingir diversos níveis de naturezas psíquicas, pertencentes a espécies distintas, espalhadas Criação afora.

Mesmo a Cabala que, em termos dos últimos dois mil anos, sem sombra de dúvidas, foi o trabalho expositivo mais bem elaborado pela Assessoria do Criador, na tentativa de explicar, para eles mesmos, para o seu público-alvo dos 270 mundos referidos pelo *"Sepher ha-Zohar"* e, de modo muito especial, junto aos humanos, de modo que estes assimilassem a revelação e a enriquecessem com sua racionalidade interpretativa, ainda assim, fugiu ao escopo dos "Anjos do Senhor", pois resultou na elaboração de um manual de fé (o já referido *"Secretum – Manual Prático de Kabbala Teúrgica"*) em torno do que era um "Panorama Celestial", primorosamente apresentado aos terráqueos.

Foi dessa maneira que "curvas mentais tortuosas" foram engendradas pelos estudiosos da Cabala para poderem compor os elementos da cultura judaica, num primeiro momento, e, depois, também do viés judaico-cristão, com os termos colhidos no âmbito da revelação, e disso resultou conclusões que, efetivamente, não se aplicam à realidade do que acontece por aqui e, muito menos, nos demais quadrantes da Criação, por mais que existam hinos e louvores à "grandeza da dádiva" que foi dada a quem nela vive. O que a ignorância não faz!

No já referido livro *"Secretum"*, o autor nos oferta a seguinte abordagem sobre a "Criação como a expressão da Manifestação":

"A explosão (que é a criação) do Único Número, da Sephirah-Kether, será percebida, em consequência, como uma eclosão sucessiva dos Aspectos ou Qualidades que constituem Sua própria Natureza mas, na realidade, a Criação em Si mesma não será senão a Expressão desta Manifestação — em seu Ternário, na Tríade Superior — da Divindade e esta Criação mesma será ainda o Véu que a cobrirá.

A Criação, o que o Pensamento Divino gerará via Chokmah-Binah reunidas, é aquilo que chamamos "o Filho", isto é, a emergência da Consciência, nesta Criação, pela expressão do Amor (cujo Germe está em Chokmah). Este florescimento será representado, assim como o veremos, por uma Emanação Central, "Tiphereth". Em outros termos, o encontro do Pai Único (Kether) com a Mãe Única (a Força Construtora que é Chokmah e Binah reunidas) engendra o Filho."

A respeito do que foi afirmado acima, preciso fazer um importante registro.

No livro *"O Quarto Logos"*, que produzi sobre o tema da contextualização da Criação e das "Forças" nela atuantes, fiz o seguinte registro:

*"Perante o que fui obrigado a observar – a interpretação que construí pode sim estar equivocada, e por isto deixo a tarefa de confirmar ou descartar estas informações para as gerações do futuro –, percebi ser imperioso defender a tese de que **é necessário reconceituar todo esse contexto e seus principais elementos**, se pretendemos de fato continuar a procurar a verdade, sem os vícios de uma linguagem e de conteúdos equivocados, que as religiões, seus exegetas e teólogos teimam por empregar, na busca de angariar prosélitos. Devido a isto é que **resolvi me utilizar dos conceitos referentes aos "Logos", dos ocultistas**, para melhor significar as etapas de consecução da história da Criação até os tempos atuais.*

*Os ocultistas acreditam que o **"Logos Imanifestado"**, ou seja, a raiz da Criação reúne em si mesmo os alicerces da manifestação para poder, assim, expressar o **"Logos Manifestado"** que, conforme os fatos apontam e mesmo atestam quando bem observados, parece ter surgido com problemas que não foram antevistos.*

Do modo como os ocultistas se utilizam da expressão "Logos", o seu significado corresponde ao Demiurgo, assim denominado como sendo um ser "Arquiteto Criador". Deste modo, para os ocultistas, existe um "Logos Imanifestado" e outro "Logos Manifestado"."

Os cabalistas, por sua vez, consideram que esse "Filho" – conceitualmente definido como sendo engendrado como resultado do *"encontro do Pai Único (Kether) com a Mãe Única (a Força Construtora que é Chokmah e Binah reunidas)"* – é o "Primeiro Logos", o que me obriga a divergir totalmente dos postulados da Cabala, quanto a esse aspecto da sua contextualização.

Na perspectiva da qual parto – mas que, torno a ressaltar, difere da interpretação dos cabalistas –, unir **Kether, Chokmah** e **Binah** sob determinadas formulações, é tão somente se referir aos membros da *Trimurti* hindu e compreender que, nos seus conceitos, existe a função "avatárica *keshava*" que significa, como foi o caso de Krishna, um representante dessa Tríade, criado a partir da mistura do Código-fonte Definidor (corresponderia ao "código genético eletromagnetizado" desses Seres) de cada um dos três "Logos Criadores". Esse não foi o procedimento aplicado no engendramento de Jesus, que era um avatar (ou expressão *Adhyajna*) de Vishnu/Sophia, ou conforme os epítetos cabalísticos, de **Chokmah/Hokmah** (também se escreve **Chochmah/Hochmah**).

Discordâncias à parte, Helvécio de Resende Junior conclui essa temática afirmando um cenário muito importante quanto ao final da Criação "problemática", ainda que ele não situe o que foi manifestado como sendo algo "vexaminoso":

"A Consciência, em sua elaboração, manifesta aquilo que ela é: um "Centro" que atrai tudo à Si e mantém tudo em equilíbrio: ela é tanto Centro como a Criação que ela preenche. Sendo tal, ela é a Força que permite "conservar", "preservar" a existência. Ela também é chamada "a Força Conservadora da Criação". Ela é simbolizada por um Sol que, por seus raios brilhantes, atrai tudo para si.

Esta centralidade dá à Consciência a penetração em qualquer coisa, o Conhecimento último e verdadeiro de tudo o que é; então ela é, ao mesmo tempo, Sabedoria (isto é, o conhecimento a partir do Centro) e representa, na Criação, "o Ponto Único" Kether, que Esta absorverá, conduzindo-o no Não Manifestado, isto é, na Existência Única, a única portadora da Eternidade. (...)

Sendo tal, a Consciência é a única, então, que conhece "a Vida Eterna". E quando a Criação — isto é, toda a matéria que forma os Mundos, as galáxias, as estrelas e os diferentes corpos sutis ou densos de todos os seres — for absorvida pela Vontade Divina, somente a Consciência, desenvolvida e adquirida por cada um de nós, penetrará neste Não manifestado, nesta existência Única, a Eternidade.

Está aí o essencial a se reter, todas as explicações anexas só servem à conquista desse Objetivo."

Efetivamente, quando se der o final dos tempos no âmbito de **"Daath"**, somente o que foi consciencial e decentemente produzido, retornará para a "Espiritualidade Superior" ou **"Atziluth"**. Entretanto, esta Criação apenas chegará a seu fim quando as "informações" produzidas pelas "Consciências Particularizadas" – que cumpriram a função de "criaturas-ferramentas" – permitirem a "reconstrução" do Ser "caído", por meio da "emergência de uma Mente-una", que substitua a desagregação ocorrida no início dos tempos. No livro **"A Rebelião dos Elétrons e o Código de Vida do Criador"**, abordei esse tema com maiores detalhes.

Até lá, toda a "sujeira e infecção" produzidas ao longo dos evos já terá sido ressignificada pelos "operários" escravizados ao "drama" de uma "Consciência caída", que o "socializou" (passou do privado ao coletivo), em pleno desespero.

É inadiável perceber esse aspecto das nossas existências, que sempre esteve oculto pelas circunstâncias das crenças impostas à natureza humana!

11

LINHAGENS HUMANAS: AS PREFERIDAS E AS PRETERIDAS

"Dormammu, eu vim para negociar!"

É com esse aviso que o Doutor Estranho[1], protagonista do filme cujo título possui o mesmo nome, entra num *"loop* temporal" para encarar, frente a frente, o demônio maior que dominava muitas faixas de realidades paralelas e pretendia também ser dono do nosso universo, para controlar os seres humanos.

O que é um *"loop* temporal"? No caso do filme, é um tipo de realidade situada "além do tempo e da morte", que devido ao "conhecimento teúrgico", associado a certos "objetos poderosos" disponíveis ao Doutor Estranho, prende a si mesmo e ao "super-demônio", num "laço temporal" que sempre se reinicia após Dormammu matar o seu corpo.

Em linguagem aproximada a do filme, assim que seu corpo morria, o tempo retrocedia e lá aparecia mais uma vez o Doutor Estranho dizendo: *"Dormammu, eu vim para negociar"*. O demônio, então, assassinava novamente o herói, e o ciclo se repetia até que Dormammu, cansado de tanto matar o adversário, perguntou-lhe o que estava acontecendo. Então, o Doutor Estranho lhe respondeu:

"Estamos presos neste momento, e tudo o que você pode fazer é, a cada vez que eu voltar, matar-me e saborear a sua vitória, e quanto a mim, cabe-me sofrer, sofrer, morrer e morrer sempre, o que faz de você meu prisioneiro".

Percebendo que o poder dele somente servia para matar e que isso não resolvia o seu problema de se ver prisioneiro de um "intervalo de tempo" que sempre se repetia, Dormammu perguntou o que Doutor Estranho queria negociar com ele, ao que o herói respondeu, para a surpresa do demônio:

"A sua própria liberdade! Somente o libertarei se houver desistência de sua parte em dominar a Terra e este universo."

Dormammu acabou concordando, o que fez com que o seu poder não produzisse mais efeito algum por aqui.

Um dos aspectos intrigantes e mesmo interessante desse enredo é que quem ganhou foi o mais fraco, o que morria sempre, e que nada podia fazer, a não ser morrer. O mais forte, que sempre ganhava, curiosamente não levava nada. Por quê? Apesar dele matar o Doutor Estranho a cada vez que o "loop temporal" se repetia, a sua liberdade estava nas mãos da vítima.

A figura de **Kether**/Javé se encontra "preso num lapso ou laço temporal" desde a sua "queda", e mais decididamente, depois que o *Homo sapiens* surgiu para a vida, sendo essa uma questão ainda incompreendida por ele e pelos humanos.

17ª Constatação:
O paradoxo se apresenta tão contraintuitivo que o Ser, tido como "deus" por quase toda população planetária nas suas feições de Javé, Brahma, Alá, Atom, e para quem todos rezam pedindo "perdão pelos pecados" e passe livre para a "salvação", é quem precisa do concurso dos tais "pecadores" para poder salvar a si mesmo da "situação de vexame", na qual se encontra.

A questão é que, desde que a humanidade se libertou da escravidão mental, ele é quem tem feito propostas, não ao "rebanho planetário", mas aos seus "escolhidos", e o tal "pacto" que ele costuma oferecer é um tipo similar de barganha entre Dormammu e o Doutor Estranho! Entretanto, caso o "pacto" não seja aceito, o Criador "destrói" o humano insubmisso!

Como posso afirmar isso? Por enquanto, ficará só o indicativo dessa possibilidade, pois não cabe à minha condição humana ser assertiva além da conta, e dar por sabido o que todos os meus irmãos e irmãs em rota evolutiva na Terra e pelo Cosmos afora precisam ainda descortinar.

O meu psiquismo foi obrigado a conviver com o "tema ancestral e primevo dos grandes mistérios". O Espírito que me anima vivenciou as etapas desse enigmático processo e tem lá o seu arcabouço de arquivos que disponibilizou ao seu "Eu humano", para que este pudesse dar os primeiros passos no campo da "Revelação Cósmica". Porém, enquanto não forem cumpridos certos termos das "apostas ancestrais" celebradas por essas Consciências sofredoras, equivocadamente tidas como "deuses", não me caberá, nesta vida, ir além do ponto em que cheguei, que é o de resgatar aspectos de uma "possível verdade", que se encontravam ocultos, e expô-los para a necessária reflexão daqueles que buscam a Verdade. É o que posso pretender fazer!

Todos os pactos que *Kether*/Javé fez com os humanos desde

os tempos de Adão até os dias atuais, fazem parte desse *"loop* **temporal"** que reside na sua Mente e o "aprisiona", e o seu psiquismo ainda não conseguiu se libertar dele.

Por que esse "vai-e-vem-do-mais-do-mesmo", essa repetência ridícula, porém dramática, de um Ser que, ao mesmo tempo em que precisa do concurso humano, infernizou ao extremo a história dos povos deste planeta? Por que subjugar uma espécie que, lá atrás, conforme descrito pelo evento envolvendo Pandora, Prometeu, Epimeteu e Zeus, na mitologia grega, como também no episódio de "Adão e Eva", posteriormente registrado nos padrões judaicos, havia destravado os controles geneticamente impostos ao seu psiquismo, conquistando, assim, a sua liberdade?

Em termos mais recentes dessa história, e observando somente um de seus aspectos, **Kether/**Javé fez um "pacto" pósdiluviano com Noé, renovou com Abraão, sentiu-se atraiçoado por Jesus, recomeçou com Maomé, e nestes tempos atuais ainda tentou uma nova repactuação como maneira de atualizar todo o contexto, **iniciando uma nova fase do seu pretenso comando.** A questão é que tal tentativa não logrou resultado satisfatório.

O assustador é que nenhuma das linhagens, algum dia "escolhidas" por Javé, conseguiu construir um "entendimento adulto" sobre o problema que ronda a evolução da humanidade.

Ancestrais dos hebreus, hebreus, arianos, judeus e, mais recentemente, os povos árabes, foram os núcleos "escolhidos" por Javé para, sempre se servindo deles, tornar possível a aplicação dos seus desígnios sobre a humanidade, por meio de um império planetário que jamais saiu da sua Mente. As suas últimas tentativas de dominar os humanos fracassaram no século XX, o que também se deu desde a tentativa ariana até a do sonho de um "califado muçulmano".

Devido à complexidade dos contornos da geopolítica planetária, ainda que os judeus esperem o seu "Messias" para criar o império mundial adiado por tanto tempo, Javé parece ter desistido desse cenário exatamente pelo permanente estado de conflito ainda existente entre ele e Sophia.

De cada povo "escolhido", Javé elegia o seu "representante ou intermediário humano", conveniente em cada hora das suas mal atrapalhadas etapas de tentativa de dominação do psiquismo humano.

Como tudo deu sempre muito errado, a "garantia" que Javé ofertou à assembleia das criaturas existentes no âmbito da sua Obra, foi a de que, por mais confuso, tortuoso ou mesmo aparentemente errado que os eventos pudessem parecer para seus Anjos e demais seres, no "Juízo Final" ele faria todos os acertos e daria a cada um conforme os critérios do seu julgamento. "Justo", porém, como ele sempre se achou, informou a Enoch – e isso ficou registrado em algumas das versões do que restaram dos seus livros – que, no tempo do anunciado julgamento, ele não atuaria sozinho, pois reconhecia existirem certas nuances que fugiam ao seu entendimento. Por isso, que o seu "Messias" viria, no final do dos tempos, para ajustar todas as situações pendentes.

A "traição de Jesus" em decidir que não cumpriria a função de "Messias violento e todo poderoso", conforme vaticinado pelos profetas da *Torah* e do *"Antigo Testamento"*, mais uma vez, pôs tudo a perder, ainda que o "Juízo Final" continuasse agendado.

Recentemente, seguramente por falta de uma opção razoável para seus padrões, Javé procurou criar, meio que de última hora, um "mensageiro" que desempenharia uma determinada função nestes tempos chegados do "Juízo Final", no sentido de unificar toda a sua Obra, desagregada pelo seu senso de fúria ocasional, que terminou por produzir um estrago em torno do seu legado, que ele jamais teve condições psíquicas de analisar sensatamente.

Ele sempre pensou que, do mesmo jeito que aconteceu nas outras oportunidades de épocas passadas, o "humano eleito" da "última hora" antes do seu "Juízo Final", seria convencido ou mesmo subjugado de uma ou de outra maneira, como sempre havia ocorrido com os demais. Afinal, quem poderia resistir ao poder do Senhor Javé e aos seus Anjos?

Javé fez de tudo para que, o que lhe fosse útil, permanecesse nos moldes dos seus desejos, e o que constituísse obstáculo aos seus intentos, fosse engenhosamente reciclado pelo tempo e pela sucessão dos fatos. Entretanto, nada saiu do jeito que ele esperava, e o "*loop* temporal" estava e ainda está na sua Mente, só que, agora, como natureza morta de um desígnio jamais implementado e que se esgotou!

A dificuldade é que ele se esqueceu de combinar com o "mensageiro improvisado" desta "última hora" antes do seu "Juízo Final"!

Foi em agosto do ano de 2007 que, pela primeira vez, perdido no seu "*loop* mental", após se apresentar como "Pai e Criador" de tudo o que existe, Javé fez soar, na mente do seu "escolhido" desta hora, a seguinte afirmação:

"Vamos firmar um pacto!"

O susto foi grande e, perante a recusa em reiteradas vezes, ele convidou o "novo humano escolhido" para uma "barganha", para uma "negociação", tendo sido todas as suas propostas recusadas.

Ele humilhou e tripudiou o máximo que pôde com o "terráqueo da hora" – que não quis se submeter àquele tipo de imposição –, agindo feito um "Dormammu", preso ao velho comportamento de subjugar e de atormentar aqueles a quem escolhia para dominar tudo e todos.

Como já ressaltado, preferi sofrer as consequências, e tenho consciência que assim agirei até o final da presente existência, o que faço sem problemas e desapegado de qualquer resultado, pois sei que, para o meu lado, isso não tem mesmo como acabar muito bem, ainda que, por mim, a presente vida já se encontre consumada por força das constatações que tive que apropriar no Espírito que me anima.

Não sei se faz parte só da sua incansável insistência – e da de seus Anjos –, mas sempre "escuto" que me aguarda um *gran finale*, o qual sempre traduzo como sendo o "peteleco final" que devo receber quando eles assim decidirem.

Das muitas linhagens que Javé, no seu "passado desengonçado", pontualmente "escolheu" para esse ou aquele mister, somente nos judeus e nos povos árabes sobrevivem – neste século XXI – as raízes dessa antiguidade, que levou a cultura humana a viver permanentemente em guerra, devido a uma disputa por território.

Ao mesmo tempo em que o Criador cultivava sua linhagem hebreia, a ariana – que havia sido a "preferida" lá atrás – foi preterida. Dessa aventura do Criador, restou a sua revelação aos arianos, quando ficou conhecido por "Brahma" – conforme já referido. Ao largar os arianos, voltou a assumir a hebreia como sendo a da sua "predileção", ao tempo de Abraão e do "pacto" com ele firmado. Contudo, devido à confusão com "a traição do seu Messias" e da crucificação que impôs ao mesmo, como modo de punição, de **"preferido"**, o povo judeu passou a ser **"preterido"**, mais ainda porque Jesus ressuscitou a si mesmo e passou a formular, nesse estado de ressuscitado, o que terminou sendo conhecido como "gnosticismo" – o que já ressaltei anteriormente.

Humilhando de uma vez por todas os judeus – e eles não notaram –, Javé resolveu, então, eleger os povos árabes, os mesmos que ele havia expulsado da "terra santa" para dar a mesma aos judeus, como sendo os "eleitos do momento". Desse modo, coube a Maomé, um homem justo e cuja retidão era reconhecida até pelos seus contendores, produzir a mais recente religião "preferida", a islâmica, que promoveu um nível de progresso que fez com que o Oriente, por volta dos séculos IX, X e XI, estivesse numa condição de progresso muito acima da Europa, então católica, analfabeta e atrasada em todas as áreas da vida.

Nessa época, Bagdá era a "cidade-luz do mundo", enquanto por toda a Europa o catolicismo mantinha todos os seus fiéis analfabetos para não ter o perigo de alguém interpretar a *"Bíblia"* de modo inconveniente. Veja só, leitor(a)!

Mil anos depois, ainda com todo o fervor e honestidade dos muçulmanos, o modo como interagem com Javé, parece não mais interessá-lo.

Entretanto, é o que lhe resta de toda essa história enquanto a humanidade não for devidamente esclarecida quanto ao seu "drama", pois o núcleo dos judeus ortodoxos, que ainda cultuam Javé como sendo um "deus", associam a essa postura de submissão, a crença paralela que possuem na vinda do "Messias superpoderoso", e nisso reside um problema cuja amplitude vai desde a piada até o fervor bélico dos ortodoxos. Afinal, conforme pensam, Javé "deu a terra" mas não cumpriu a promessa de enviar o "Messias invencível".

O curioso é que Sophia, o Cristo Cósmico, virá e se apresentará aos terráqueos, e os judeus ortodoxos que esperarem dele uma atitude de predileção e de apoio às suas ambições imperialistas, deverão ficar decepcionados. Possivelmente, de novo persistirão na cômica insistência de que o "Messias" prometido por Javé ainda não é este tal de **Sophia** (o epíteto "Personificação da Sabedoria", em grego) ou *Hochmah* (o mesmo epíteto, em hebraico), conforme descrito por Salomão, nos textos antigos.

De fato, observando de maneira mais ampla, parece que somente num ponto, Javé honrou os critérios do "pacto" que ele fez com Abraão: sempre foi da descendência desse patriarca que Javé escolheu os seus "preferidos", independente de serem judeus ou árabes, ainda que tenha tentado "pegar carona" com outros povos como os arianos, descendentes de Noé, numa etapa bem anterior ao tempo de vida de Abraão.

Imaginemos uma tira em quadrinhos mostrando, no primeiro, o desenho da figura do Criador sendo atraída pela "Nuvem Quântica Criatória" situada à sua frente, imediatamente depois de ser emanada da sua Mente, e no quadrinho seguinte, houvesse somente a "Nuvem" e nela escrito *"Tzimtzum"*, e o último quadrinho indicasse o Criador agora dentro dela. Conforme penso, uma criança, ao observar esses quadrinhos, entenderia que aquele Ser acabara de "cair na Nuvem" que ele próprio havia criado. Infelizmente, nem judeus nem árabes puderam compreender isso.

E se os judeus nunca entenderam a Cabala em toda a sua profundidade, pelas circunstâncias da sua história, muito menos o puderam as populações dos 270 mundos aos quais o *"Sepher ha-Zohar"* se referiu, pois que estes dependeriam do que os humanos compreendessem e, depois, registrassem na sua cultura, o que permitiria o seu repasse para essas "moradas" que conseguem capturar o que corresponde aos seus interesses.

Essas explicações que surgem na abordagem que consta neste livro poderão a muitos surpreender, mas para o "público" desses 270 mundos, o enredo aqui contextualizado não causa espanto algum!

Para quem tem "olhos de enxergar", a revelação da Cabala é muito mais que somente o *"Tzimtzum"* com a explicação de que isso se refere a um evento desconhecido que forçou **"deus a se exilar na sua Criação"**, mas, ainda assim, o "dramático contexto" não foi percebido.

Talvez, desde essa época, *Kether*/Javé tivesse também definido repassar, na versão que lhe foi possível – e a seus Anjos –, as informações sobre o seu "problema", para que a lógica humana pudesse construir a sua visão quanto ao ocorrido, decifrando, para ele, aspectos do seu "drama", que ele mesmo nunca pôde observar.

Pena que os cabalistas não compreenderam o que foi revelado e que, movidos pela melhor das intenções, terminaram transformando uma "queda impensável", num "passo de dança" prenhe de religiosidade e subterfúgios rítmicos misteriosos, com "véus coreografando o além".

Haja camuflagem!

POSFÁCIO

Nietzsche, no seu livro *"Sobre a Verdade e a Mentira no Sentido Extra-moral"*, acusa a humanidade de ter se habituado a **"mentir em rebanho"**, com o que concordo plenamente. Entretanto, por que agimos desse modo?

Em outro livro, *"Para Além do Bem e do Mal"*, ele nos lega a seguinte reflexão:

> *"Ó sancta simplicitas! Ah! Como o homem vive numa simplificação e falsificação singulares! Nosso espanto tornar-se-á infindável desde que tenhamos olhos para esta maravilha! Com que facilidade tornamos tudo claro, livre, fácil e simples à nossa volta! Como aprendemos a dar aos nossos sentidos um livre trânsito para tudo o que é superficial e ao nosso espírito um impulso divino para as matreirices e os paralogismos falsos. Desde o princípio, como soubemos conservar a nossa ignorância para usufruir uma liberdade dificilmente compreensível, para gozar uma despreocupação, uma imprevisão, uma bravura e jovialidade de vida, a própria vida!"*

Ressignificar o que há muito se encontra posto, parecerá sempre uma indelicadeza para os que se "alimentam dos frutos cujas árvores", lá atrás foram "semeadas" por meio do sacrifício de muitos.

O Espírito que me anima a presente existência tem encomendado aos seus "Eus humanos" a formulação de uma linha-mestra de resgaste dos temas ocultos, que foram escondidos meio que, propositalmente, na qual a "indelicadeza" de confrontar conceitos e crenças milenares parece ser a inevitável tônica do que tenho desenvolvido no campo da produção de livros e de palestras sobre temas "desagradáveis".

Quase todos os que amo pertencem ao grupo de pessoas a quem o meu trabalho causa desconfortos e indelicadezas, o que muito me dói a sensibilidade!

Penso ter a consciência de quem, efetivamente, sabe ser um "agente do espanto", independente de estar certo ou errado em relação aos postulados construídos.

Infelizmente, a minha condição humana não pode dar uma pausa e aguardar por novos tempos e circunstâncias melhores para a continuidade do processo de revelação. Pelas circunstâncias que me envolvem, vejo-me sempre obrigado a seguir enquanto o pouco tempo que resta ao corpo que utilizo, a tanto permita. Assim devo me consumir, pois, na atualidade, infelizmente o sei, o que não fizer, não será mesmo revelado, e assim digo pela solidão intelectual que se encontra na gênese desse processo, a qual posso constatar.

O *"Livro de Haggadah"* é um texto místico judeu que aborda o aspecto do homem possuir ou unir dentro de si as qualidades celestes e terrenas. Dotar a humanidade dos "segredos celestes" segundo certos painéis da Cabala, foi tema de tremenda controvérsia entre os Anjos – o Conselho de Javé –, pois nem todos tinham a mesma opinião, uma vez que, conforme descrito nesse livro citado, os "Anjos da Verdade e da Paz" se opunham à criação do homem, enquanto os "Anjos do Amor e da Justiça" eram a favor desse plano de "deus".

Escrevo estas páginas ao longo do ano de 2020, e até o momento percebo essa perene discordância entre esses Seres, e penso que assim será até que eles possam observar os resultados do que tenho chamado de "Revelação Cósmica".

Portanto, o resgate antes postergado por milênios, agora acontece à medida que os fatos vão se impondo ao meu redor e de outros seres humanos que me são contemporâneos.

Para muitos, a pausa é que traz a surpresa e não o que vem depois, é ela que dá sentido à caminhada.

Talvez a prática espiritual mais marcante deste e dos próximos milênios seja saber vivenciar as "pausas". Não haverá maior sábio do que aquele que souber quando algo terminou e quando algo vai começar.

Nem os Anjos, nem os humanos, nem os "deuses" jamais conseguiram trabalhar com as "pausas da existência" para poderem melhor refletir sobre o curso dos eventos, porque as condições em *"Daath"* nunca foram e não são fáceis.

Conforme penso, somente o Criador conseguiu ter uma "pausa", ainda que forçado pelas circunstâncias da sua "doença" e do seu próprio "cansaço". Afinal, por que o Criador descansou? Talvez, porque, mais difícil do que iniciar um processo aparentemente do nada, seja dá-lo como concluído, e esse cenário ainda é uma perspectiva muito longínqua e cheia de enigmas e de obstáculos.

O que tenho procurado fazer, a seu pedido, é antecipar o que me for possível dos temas que precisamos analisar, e que há muito se encontravam nas profundezas do mistério imposto pelas circunstâncias de *"Daath"*.

Realmente, o "Fundo do Abismo" olhou para a espécie humana, e nela fez residir o que lhe resta de esperança, ainda que somente poucos, na atualidade, disso possam saber.

De todo modo, tenho que me desculpar pela indelicadeza

que este livro possa produzir na sensibilidade de irmãos e irmãs que se dedicam ao culto e ao desenvolvimento de muitos desdobramentos importantes da Cabala.

Que a alguém possa ser útil!

Jan Val Ellam

A LINHAGEM DOS PATRIARCAS HEBREUS

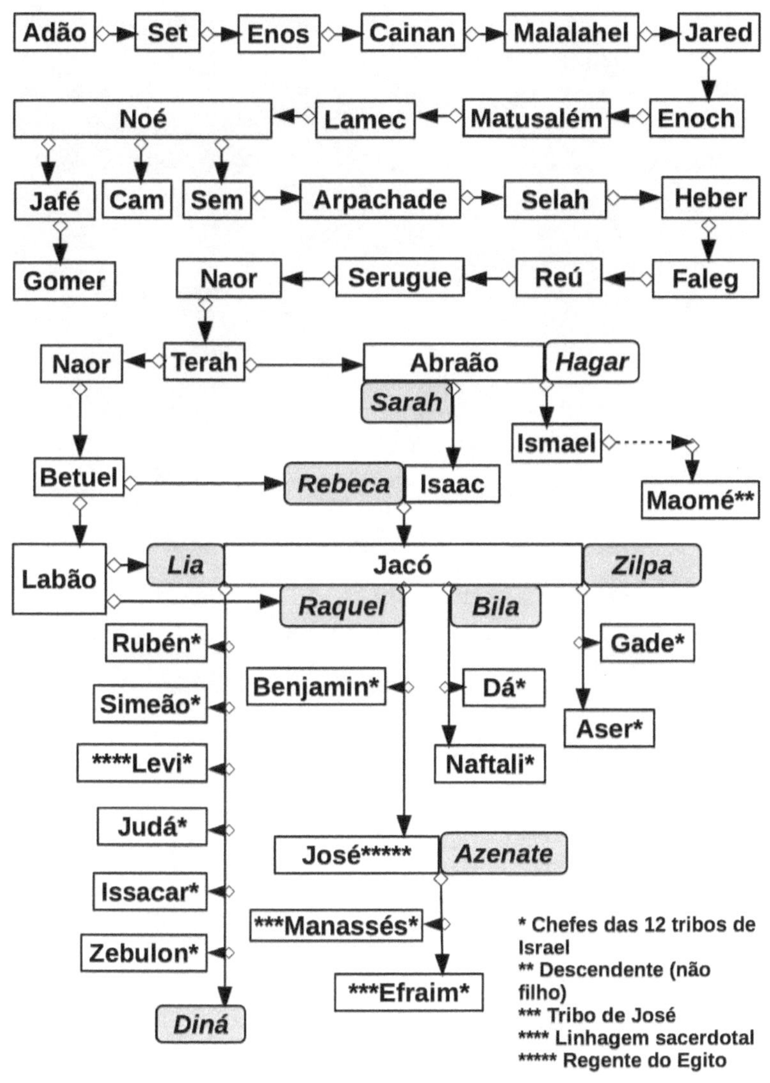

NOTAS EXPLICATIVAS E REFERÊNCIAS BIBLIOGRÁFICAS

ANTIGA REVELAÇÃO DO "SEPHER HA-ZOHAR"

1. **"Zohar" – "Sepher ah-Zohar"**

   Livro de autoria do Rabi Shimon bar Yochai, o *"Zohar"* é a "coluna vertebral" da Cabala, que na língua hebraica significa "recebimento" ou "o que foi recebido". Por ser parte integral da Torah, para os crentes judeus, o seu conteúdo tem origem e natureza divina.

   Para estes, apesar de seus ensinamentos terem sido transmitidos a Adão e aos patriarcas do povo judeu, foi Moisés quem os recebeu diretamente de "deus", durante a "Revelação" no Monte Sinai. Desde então, essa sabedoria mística vem sendo repassada, de geração em geração, pelos *"nistarim"* (literalmente, "os ocultos"), os primeiros cabalistas, que preservaram zelosamente esses ensinamentos, transmitindo-os, oralmente, às gerações seguintes, chegando até o tempo de vida do Rabi Shimon Bar Yochai e aos seus discípulos escolhidos, que teriam recebido de "deus" essa "Revelação".

2. **DNA**

   A molécula de ácido desoxirribonucleico (DNA) é composta por duas cadeias ou fitas de nucleotídeos que se mantêm unidas em dupla hélice por pontes de hidrogênio entre as bases dos nucleotídeos. Cada nucleotídeo é constituído por um açúcar (uma pentose denominada desoxirribose), um grupo de fosfato e uma base nitrogenada que pode ser a adenina, a citosina, a guanina ou a timina – por meio de pontes de hidrogênio, a adenina de uma fita se liga à timina da outra, e o mesmo ocorre entre a citosina e a guanina.

1. REGISTROS ANTIGOS DA "QUEDA" DE UMA DIVINDADE

1. **Isaac Luria** (1534-1572)

   Cabalista, místico, filho de alemães, nascido em Jerusalém, que afirmava ter encontro com o profeta Elias e outras visões que o levaram a produzir uma abordagem específica em torno de alguns dos postulados cabalísticos, nos moldes da sua crença pessoal.

2. **"Evangelho de Tomé"**

Judas Dídimo Tomé foi um dos irmãos de Jesus. Segundo a tradição cristã mais antiga, ele escreveu o chamado *"O Quinto Evangelho"*. Cópias de seu evangelho original, que remontam ao século II d.C., foram encontradas, em 1945, por nativos da região, num velho cemitério de Nag Hammadi, no Egito, dentro de alguns potes de barro que guardavam cinquenta pergaminhos escritos em copta, linguagem falada pelos egípcios nos primeiros anos da cristandade. Estes manuscritos ficaram guardados por onze anos, sem que ninguém lhes desse importância.

Não se trata, como nos outros evangelhos, de uma narrativa sobre a vida de Jesus, mas sim de 114 dizeres (ou aforismos) de "Jesus, o Vivo", onde se relata: *"Essas são as palavras secretas de Jesus, o Vivo, que foram escritas por Didymos Thomas"*. A palavra aramaica "Thomas" quer dizer "gêmeo"; em grego, "Didymos" também significa "gêmeo". As "palavras secretas" são ensinamentos esotéricos de Jesus, proferidos não para as massas populares, mas para uma escolhida elite de discípulos capazes de compreenderem o sentido místico de certas verdades profundas. Inclusive, nos outros evangelhos, consta que Jesus disse a seus discípulos: *"A vós vos é dado compreender os mistérios do Reino de Deus, enquanto ao povo só lhe falo em parábolas"*.

Segundo a antiga tradição cristã, Tomé demandou o Oriente após a morte, ressurreição e ascensão de Jesus. Existe em Madras, no sul da Índia, a catedral de São Tomé – igreja fundada pelos portugueses que, no século XV, foram à Índia com Vasco da Gama – na qual se encontra o túmulo de Tomé.

Diferente dos cristãos tradicionais, os cristãos gnósticos – que desde muito tempo vinham colecionando apócrifos, como os *"Atos de João"*, o *"Apocalipse de Pedro"* e os *"Atos de Felipe"*, escritos quase na mesma época dos canônicos, entre 70 e 100 anos depois de Cristo, mas de conteúdo estritamente filosófico –, não só reconheceram Tomé como um dos doze apóstolos, como batizaram o achado encontrado em Nag Hammadi de *"Quinto Evangelho"*, ou seja, aceitaram o Tomé citado nos pergaminhos encontrados como sendo aquele que foi apóstolo de Jesus.

3. **Allan Kardec**

Pseudônimo do pedagogo e pesquisador francês Hippolyte Léon Denizard Rivail (1804-1869), que codificou a "Revelação Espiritual" na sua "primeira hora", entre os anos 1855 e 1869, da segunda metade do século XIX.

Foi o formulador da "Doutrina Espírita", ancorada nos seguintes livros: *"O Livro dos Espíritos"* (1857), *"O Livro dos Médiuns"* (1861), *"O Evangelho Segundo o Espiritismo"* (1864), *"O Céu e o Inferno"* (1865) e *"A Gênese"* (1868).

4. **Ludwig Marcuse** (1894-1971)

Filósofo e escritor alemão, de origem judaica.

2. AS TEOLOGIAS POSSÍVEIS

1. **Steven Weinberg**

   Físico estadunidense que, em 1979, recebeu o "Nobel de Física", por seu trabalho de unificação de duas forças fundamentais da natureza.

2. **David Deustch**

   Físico israelense, da Universidade de Oxford.

3. ***"Matrix"***

   Produção cinematográfica estadunidense e australiana, do ano de 1999, baseada na trilogia *"Matrix"*, *"Matrix Reloaded"* e *"Matrix Revolutions"*. Os filmes partem do princípio de que a realidade na qual vive o principal personagem (Neo) é, na verdade, uma simulação de supercomputadores.

4. **Daniel Matt**

   "God & the Big Bang: Discovering Harmony Between Science and Spirituality", Jewish Lights Pub, 1996.

5. **Immanuel Kant** (1724-1804)

   Filósofo prussiano, considerado como o mais importante da era moderna.

6. **Yuval Noah Harari**

   Professor israelense de História e autor do best-seller internacional *"Sapiens: Uma breve história da humanidade"* e também de *"Homo Deus: Uma Breve História do Amanhã"*. Seu mais recente livro é *"21 Lições para o Século 21"*.

7. ***"O Livro de Enoch – O Profeta"***; Editora Madras, São Paulo, 2004. ***"Livro de Enoch – O livro das origens da cabala"***; Editora Hemus, Curitiba, 2003.

3. ARRANJOS MENTAIS E ENREDOS INCONCEBÍVEIS

1. **Roger Waters**

   Compositor e ex-membro da banda *"Pink Floyd"*, cuja letra distópica da música *"Amused to death"*, aborda o aspecto da vida no qual a presente geração de humanos se "diverte até a morte", e encontra diversos modos para se entreter em meio às desgraças e desafios da vida, ressaltando o lado inconsequente desse tipo de atitude.

   Na última estrofe ele situa o contexto de um antropólogo alienígena procurando entender o porquê do ocaso daquela população planetária, como se espécie humana estivesse se extinguindo, como se dizendo resumidamente: *"...não há mesmo nenhuma outra explicação, eles se entretiveram até a morte"*.

   "And then the alien anthropologist

Admitted they were still perplexed
But on eliminating every other reason
For our sad demise
They logged the only explanation left
This species has amused itself to death
No tears to cry, no feelings left
The species has amused itself to death
Amused itself to death"

2. **Frodo**

Protagonista da obra literária *O Senhor dos Anéis"*, de J. R. R. Tolkien (1892 – 1973), convertida na trilogia cinematográfica de mesmo título.

Nascido na atual África do Sul, Tolkien passou a viver na Inglaterra desde seus três anos. Foi professor universitário, filólogo britânico, e autor de livros. Entre suas obras, destacam-se *"O Hobbit"* (publicada em 1937), a trilogia *"O Senhor dos Anéis"* (escrita entre 1937 e 1949) e *"O Silmarilion"* (1977, publicação póstuma, uma coletânea de obras de mito-poesias).

3. **Harry Potter**

Série de sete romances de fantasia, escritos pela britânica J. K. Rowling (1955). A série narra as aventuras do jovem Harry James Potter, que descobre, aos 11 anos de idade, que é um bruxo, ao ser convidado para estudar na "Escola de Magia e Bruxaria de Hogwarts". Obras convertidas em série cinematográfica.

4. **Henoteísmo**

O henoteísmo caracteriza-se pelo culto a um único "deus", considerado supremo, porém sem negar a existência de outros.

5. *"Apocalipse de Elias – Apócrifos IV – Os Proscritos da Bíblia"*; Editora Mercuryo, São Paulo, 2001.

6. *"Apocalipse de João"*

Um dos 27 livros que compõem o *"Novo Testamento"*, cuja autoria é atribuída ao apóstolo e evangelista João.

7. **Evangelhos Canônicos**

Evangelhos aceitos pela maioria das denominações cristãs como legítimos e que, portanto, integram *"O Novo Testamento"*, da *"Bíblia"*. São eles os chamados *"Evangelho de Marcos"*, *"Evangelho de Mateus"*, *"Evangelho de Lucas"* e *"Evangelho de João"*.

8. *Satyagraha*

Conceito sânscrito que significa "a luta não-violenta ou a resistência pacífica pela verdade".

9. **Aldir Blanc (1946-2020)**

Compositor e cronista brasileiro.

10. *"Lucy – O Filme"*

Filme francês, de ação e ficção científica, de 2014, dirigido, escrito e produzido por Luc Besson.

II. **Energia *Tamásica* de Shiva**

Quando ciência e mitologia se encontram.

Prabajna, ao "cair", "reconstruiu" a si mesmo como **"Brahma"**. **Savna** ao "mergulhar", posteriormente, na Criação, passou a ser conhecido como **"Shiva"**, e **Mavatma**, ao também fazê-lo, como **"Vishnu"**.

Prabajna, Savna e Mavatma, dentre muitos outros, são Seres que existiam no contexto da "Espiritualidade Laboratorial", dimensão pré-existente de onde se projetam e são emanadas as Criações Mentais de diversos tipos de universos.

Conteúdo extraído do livro *"A Epopeia dos Agentes da Vida Universal"*, do mesmo autor Jan Val Ellam:

"Portanto, associando os conhecimentos arianos-hindus e científicos, tudo o que é visível no universo corresponde a apenas 5% (energia Rajas, de Prabrajna) de toda a matéria/energia que existe, e que, do restante, 27% corresponde à matéria escura (energia Sattva, de Mavatna) e 68% corresponde à energia escura (energia Tamas, de Savna).

(...)

A energia Rajásica de Prabrajna criou os quarks. Mavatna, então, usou sua energia Sattva para criar os glúons. Quarks e glúons (ver a nota 8) formaram a "sopa" inicial após o "Big Bang".

*

__Nota 8:__ Quarks são a energia tipificada na mínima forma material possível. Glúons são a energia tipificada na forma de atração para fazer a união dos quarks.

(...)

As quatro forças integradoras que fizeram com que a energia Rajásica de Prabrajna se juntasse para criar o mundo material foram as forças nuclear forte, nuclear fraca, eletromagnética e gravitacional – todas essas forças são da energia Sattva. A energia Sattva organizou a energia Rajas. A força nuclear forte uniu os prótons e nêutrons num núcleo atômico, enquanto a força nuclear fraca colocou o elétron junto desse núcleo, surgindo, assim, o átomo, que é a base do mundo material. Para um átomo se juntar com outro foi necessário a força eletromagnética – a união dos átomos forma as moléculas, e essas constituem a matéria. A atuação da força da gravidade foi necessária para que a matéria inorgânica se juntasse formando as galáxias, com suas estrelas, planetas e demais corpos celestes. Desse modo, surgiu o universo material que conhecemos.

(...)

__Nota 9:__ O que chamamos de entropia é uma energia desagregadora, a destruidora do universo, que faz com que tudo nasça com o "germe" da sua própria morte; é um tipo de "selo de garantia" do final de uma Criação que sequer deveria ter sido iniciada.

(...)

Imaginava-se que nosso universo se expandiria até certo ponto e, depois, retroagiria, voltando ao ponto inicial. Os cientistas perceberam que isso não vai acontecer porque a expansão do universo acelerou desde há cerca de 4 bilhões de anos. Assim, a energia escura – que também podemos entender como "entropia" – está destruindo este universo, lentamente, como se o "rasgasse", decompondo-o até o limite. No início do universo, essa energia começou com 1%, e foi se fazendo mais presente, subindo em grau de importância frente as duas outras energias, passando definitivamente a presidir a destinação universal. Atualmente, está em cerca de 68%. Quando chegar a 100%, todo este universo se dissolverá, deixando de existir, a exemplo dos fogos de artifício que, após explodirem em som e imagem, lentamente vão se apagando.

Como Savna percebeu que Mavatna tinha criado uma possibilidade de vida inteligente dentro da Criação de Prabrajna que pusesse ajudar o Criador a sair de lá, sua energia Tamas foi depositada em intensidade mínima no início da história do universo, dando o tempo necessário para se criar um modo de resolver o problema de Brahma. Entretanto, com o passar do tempo, essa energia destruidora, sempre crescente, se imporia às demais, inclusive às forças aglutinadoras de Mavatna, levando esta Criação a seu previsível fim.

Em outras palavras, quando Prabrajna expeliu sua Criação, Savna decidiu usar sua energia para extingui-la antes dela criar problemas, e Mavatna apoiou essa decisão. Entretanto, quando Savna ia encerrá-la, Prabrajna "caiu" na própria Obra. Então, Savna decidiu não destruir esta Criação naquele momento, e "segurou" sua energia já expelida, deixando que ela fosse vagarosamente agindo, até que viesse a completar 100% de atuação, quando esta Obra será finalizada – ou seja, ele daria um tempo para tudo se resolver, e Brahma poder sair, reconstituindo-se como Prabrajna.

Atualmente, sabe-se que o nosso universo é composto de pelo menos 200 bilhões de galáxias. Essas galáxias estão se afastando umas das outras. Como já explicado, os cientistas tinham a ideia de que, um dia, a gravidade das galáxias parasse esse afastamento e tudo se juntaria até voltar ao ponto inicial da Singularidade. Contudo, estranhamente, perceberam que a velocidade com que as galáxias se separam umas das outras está aumentando. Está havendo uma aceleração da expansão do universo porque existe uma energia Tamásica, entrópica, de Savna, ou seja, uma energia escura que agora preside e que é superior à força da gravidade, que tenta juntar tudo.

No universo material, a força entrópica vem aumentando gradativamente, até que, daqui a algumas dezenas de bilhões de anos, ela será tão forte que desagregará todos os átomos, destruindo tudo.

As galáxias do nosso universo estão se afastando, ou seja, o espaço entre elas está se alargando, mas os espaços internos de cada galáxia não se alteram. Quando os espaços entre as galáxias forem muito grande e se rasgarem, os espaços dentro das galáxias também vão começar a se abrir, e tudo dentro delas vai se despedaçar. Isso é o que a entropia faz!

A seta do tempo no universo material é sempre numa única direção, e há duas tônicas terríveis nesse ponteiro universal. Sempre tem um momento presente a ser cumprido, sobre a sensação de um passado, e sempre temos a percepção de que virá um novo momento presente. Ou seja, o império do momento presente gera em nós a ilusão de que há um passado e que o futuro virá. Então, sofremos pelo peso das coisas mal resolvidas que colecionamos no passado e pela nossa incapacidade de construir um futuro — não vivemos o momento presente devido à pressão de um passado mal resolvido e à ansiedade de um futuro incerto, que nos aguarda.

No universo antimaterial, a entropia começou no momento "zero" e, de repente, parou e se inverteu, iniciando um tempo negativo. Caso tal aconteci-mento tivesse se dado no universo material, seria como se a expansão pela energia Tamásica se detivesse, e a força gravitacional juntasse tudo novamente, transformando o tempo em algo negativo. Nesse caso hipotético, o tempo passaria ao contrário no psiquismo dos seres do universo antimaterial, mas nós não sentiríamos isso deste nosso lado da Criação — apenas veríamos a aproxi-mação das galáxias e de tudo o mais.

O problema é que os "buracos negros" que notamos no nosso universo também são percebidos a partir do universo antimaterial, mas só que, estranha-mente, os mesmos estão vinculados às mentes dos seres demos, que lá existem. Mais estranho ainda, é perceber que esse tipo de ligação não acontece com a mente dos anjos-clones.

No psiquismo dos seres do universo antimaterial, o que eles construíram está agora sendo desfeito, porque o Brahmaloka é um universo mental — isso já está acontecendo no Brahmaloka há muito tempo, pois o mesmo está sendo destruído pela energia Tamas, de Savna.

Há cerca de 4,5 bilhões de anos, no decorrer do "Projeto Talm", é que a Trimurti soube que o nosso universo material estava se expandindo — como já informado, a partir de 9 bilhões de anos desde o "Big Bang", a expansão começou a acelerar, ou seja, a energia de Savna prevaleceu sobre a gravidade.

A energia de Savna também prevaleceu no universo paralelo ao nosso num mesmo momento, pois a energia entrópica fez com que as lokas começassem a ser destruídas — no universo material temos galáxias, enquanto que existem lokas no universo antimaterial, que são criadas com poder mental dos que lá residem.

Este universo material ainda tem mais umas boas dezenas de bilhões de anos pela frente, enquanto que o universo antimaterial não chegará sequer a algumas centenas de milhões de anos — quando tudo por lá vai acabar. Todos os seres que lá vivem, terão que vir para este lado da Criação, inclusive Brahma, que está desvinculado de sua alma. Atualmente, o que ainda resta de organi-zação mental decente nesta história — refiro-me ao "Codificador de Zion", sobre o qual escrevi o livro "O Quarto Logos" —, está acelerando o processo para que possam ser criadas espécies cósmicas no nosso universo material, capazes de "receber" (ou seja, permitir a "imantação"), sem grandes problemas, os espíritos dos seres do universo antimaterial cujas condições Adhydaiva comecem a perecer.

A existência do universo, o surgimento da vida no âmbito interno do universo e o aparecimento da razão são os três grandes enigmas que a ciência, a filosofia e a religião, cada uma do seu jeito, procuram entender e compreender."

4. PROCESSO TORTUOSO

1. **Manuel Cândido Pinto de Oliveira** (1908-2015)
   Cineasta português.
2. **São João da Cruz** (1542-1591)
   Místico, sacerdote e frade carmelita espanhol, venerado como santo pelos católicos.
3. **Trinh Xuan Thuan**
   Astrofísico vietnamita-estadunidense contemporâneo.

5. O JUDAÍSMO E A CABALA

1. **Yoram Kaniuk** (1930-2013)
   Escritor, pintor e jornalista israelense.
2. **Sigmund Freud** (1856-1939)
   Médico neurologista e psiquiatra criador da psicanálise.
3. **Israel ben Eleazar,** conhecido como **Baal Shem Tov** (1700-1760)
   Formulador do **hassidismo**, uma **corrente mística** estabelecida no Leste Europeu, no **século XVIII**. O rabino era tido por muitos como um "homem santo" que renovou o judaísmo com seu fervor místico e sua ênfase na oração, na música e na dança, como suportes contemplativos.
4. **David Bakan**
   Professor de Psicologia da Universidade de York, no seu livro *"Freud and the Jewish Mystical Tradition"*.
5. **Mateus Soares de Azevedo**
   Jornalista, ensaísta e autor de *"A Inteligência Fé – Cristianismo, Islã, Judaísmo"*, em artigo do caderno *"Fim de Semana"*, do jornal Gazeta Mercantil, 01 e 02 de julho de 2006.
6. **Shlomo Sand**
   Historiador israelense, em seu livro *"A Invenção do Povo Judeu"*, lançado em 2011.

6. OS PLANOS DE EXISTÊNCIA DA CABALA

1. **Helvécio de Resende Urbano Júnior**

    Autor de *"Secretum, Manual Prático de Kabbala Teúrgica"*, Editora Ísis, São Paulo, 2014.

7. A CABALA E SEUS DESDOBRAMENTOS

1. **"Solilóquios" – Santo Agostinho**

    Obra de Agostinho de Hipona (350-430 d.C.) ou *Aurelius Augustinus Hipponensis*, mais conhecido como "Santo Agostinho". Foi filósofo, teólogo e escritor dos mais atuantes, cujas obras influenciaram decisivamente o cristianismo, no seu viés católico, e a cultura ocidental, em muitos dos seus aspectos.

2. **Michael Berg**

    Autor de *"Tornar-se como Deus – A Cabala e nosso Destino Final"* – Editora Rocco, Rio de Janeiro, 2004.

8. QUESTÕES PROFUNDAS E SUPERFICIAIS

1. **Teísmo**

    O teísmo baseia-se na crença da existência de "deus" ou de "deuses" como Seres pessoais, cujos atributos não podem ser percebidos pela razão, apenas sendo conhecidos por meio da revelação direta (ou tradição).

2. **Blaise Pascoal** (1623-1662)

    No livro *"Pensamentos"*, o filósofo e matemático francês se utiliza tanto dos números como da teologia para demonstrar que não se pode provar a existência ou a inexistência de Deus, o que obriga o ser humano a fazer uma escolha: acreditar ou não acreditar em Deus.

3. **Slavoj Zizek**

    Filósofo esloveno, professor do Instituto de Sociologia e Filosofia da Universidade de Ljubljana e diretor internacional da Birkbeck, Universidade de Londres.

9. A CIÊNCIA SECRETA

1. **Helena Petrovna Blavatsky** (1831-1891)

    Escritora russa, responsável pela sistematização da moderna Teosofia e cofundadora da Sociedade Teosófica. *"A Chave para a Teosofia"* (1889), *"A Doutrina Secreta"* (1888), *"Ísis sem Véu"* (1877) e *"A Voz do Silêncio"* (1889) são algumas de suas obras.

2. **"O Drama Cósmico de Javé"**

Livro do mesmo autor (Jan Val Ellam), Conectar Editora, Natal, 1ª edição, 2010.

10. O ABISMO DA LUZ

1. **Teodiceia**

Teodiceia é uma expressão que foi usada pela primeira vez em 1710, pelo filósofo alemão Leibniz, na sua obra *"Ensaio de Teodiceia"*. Constitui um conjunto de argumentos que buscam justificar a perfeição e a bondade suprema de "deus" quando tais atributos são questionados devido à existência do mal na Terra.

2. **Friedrich Wilhelm Nietzsche** (1844-1900)

Autor de *"Para Além do Bem e do Mal"* (tradução de Alex Marins, Editora Martin Claret, São Paulo, 2008) e de *"Prelúdio a uma Filosofia do Futuro"* (tradução de Alex Marins, Editora Martin Claret, São Paulo, 2001).

Filho, neto e bisneto de pastores protestantes, professor, filósofo, filólogo e poeta, nascido na atual Alemanha, serviu como enfermeiro na guerra franco-prussiana.

Escreveu *"O Anticristo"* (obra iniciada em 1888, mas publicada em 1895) e *"Assim Falava Zaratustra"* (1891, sua obra mais conhecida, que mesclava um estilo bem peculiar entre a reflexão filosófica e a poesia, e que criticava o pensamento tradicional, estabelecendo um novo padrão de valores), *"Além do Bem e do Mal"* (1896) e *"A Gaia Ciência"* (1882), entre outras.

Em 1871, publicou seu primeiro livro, *"O Nascimento da Tragédia"*, dedicado ao amigo Wagner. A segunda edição foi pulicada em 1875, com um adendo sobre *"Helenismo e Pessimismo"*. Na obra, ele contrasta os deuses Dionísio e Apolo.

Em 1879, com a saúde abalada, com crises constantes de cefaleia, problemas de visão e dificuldade para falar, vê-se obrigado a se aposentar. Sua fase criativa foi interrompida em 03 de janeiro de 1889, com uma crise de loucura.

Sua morte foi decorrente de paralisia cerebral progressiva.

3. **"Frankenstein agonizante"**

Referência ao personagem Walton, que cumpre a função de narrador no romance *"Frankenstein ou o Prometeu Moderno"*, mais conhecido simplesmente por *"Frankenstein"*, é um romance de terror gótico com inspirações do movimento romântico, de autoria de Mary Shelley, escritora britânica nascida em Londres. É considerada a primeira obra de ficção científica da história, lançada em 1831.

11. LINHAGENS HUMANAS: AS PREFERIDAS E AS PRETERIDAS

1. **Filme** *"Doutor Estranho"*
   Com Benedict Cumberbatch e direção de Scott Derrickson, 2016.

SOBRE O AUTOR

Com 40 livros publicados no Brasil até o momento, tem se revelado como o escritor mais contundente sobre temas tidos como sagrados que estão sendo resgatados de um passado esquecido, que antes se encontrava oculto, o que torna o seu trabalho único.

Precursor da Revelação Cósmica que se inicia com a publicação dos seus livros, dando continuidade à Revelação Espiritual já codificada no passado, marca o atual momento planetário com reflexões profundas e intrigantes, advindas dos vários livros publicados e das palestras nacionais e internacionais divulgadas nos institutos temáticos e YouTube.

Autor do "Projeto Orbum" - Manifesto da Cidadania Planetária.

Formulador do Instituto de Estudos Estratégicos e Alternativos — IEEA

Programas na Rádio Atlan: Projeto Orbum, Acompanhando o Mundo, Reinvenção da Vida, Mitos e Conspirações, Para Onde Caminha a Humanidade, Imagens e Reflexões, Livros que fazem Pensar.

Formulador do Instituto de Estudos da Política Planetária – IEPP (www.orbum.org)

Formulador do Projeto MENTALMA – A Yoga do Cotidiano (Ciclo de Cursos -Palestras).

Para mais informações:
www.janvalellam.org
info@janvalellam.org

LIVROS PUBLICADOS:

Como escritor espiritualista, com o pseudônimo de Jan Val Ellam, editou os seguintes livros até o momento:

- Reintegração Cósmica
- Caminhos Espirituais
- Carma e Compromisso
- Nos Céus da Grécia
- Recado Cósmico
- Nos Bastidores da Luz I, II e III
- O Sorriso do Mestre
- Muito Além do Horizonte
- Jesus e o Enigma da Transfiguração
- Fator Extraterrestre
- A Sétima Trombeta do Apocalipse
- O Testamento de Jesus
- Jesus e o Druida da Montanha
- O Drama Cósmico de Javé

- O Drama Espiritual de Javé
- O Drama Terreno de Javé
- Crônicas de um Novo Tempo
- Cartas a Javé
- Favor Divino
- O Guardião do Éden
- O Sorriso de Pandora
- O Big Data do Criador
- Homoafetividade - O Segredo do Éden
- Memórias de Javé
- Terra Atlantis - O Sinal de Land's End
- Terra Atlantis - A Frota Norte
- Terra Atlantis - A Era Sapiens
- Inquisição Trimurtiana
- Inquisição Filosófica
- O Dharma e as Castas Hindus
- O Quarto Logos
- A Rebelião dos Elétrons
- A Divina Colmeia
- A Epoia dos Agentes da Vida Universal
- Sofia e os Logos Criadores
- Mentalma I : A Consciência Esclarecida e a Gestão dos Arquivos Mentais

Outras obras como Rogério de Almeida Freitas

- Inquisição Poética
- Teia do Tempo (com o astrônomo José Renan de Medeiros).
- Homo Sapiens : da Guerra ao Esporte
- Autor do Manifesto da Cidadania Planetária (Projeto Orbum).
- Autor do Manifesto Onda Vírus (IEPP)

ENTREVISTA COM JAN VAL ELLAM

1. DENTRE SUA PRODUÇÃO LITERÁRIA E AS INCONTÁVEIS HORAS DE PALESTRAS NO YOUTUBE, COMO VOCÊ RESUME A MENSAGEM CENTRAL DE SEU TRABALHO?

A jamais esquecida necessidade do resgate de um contexto perdido associado ao progresso dos diversos ramos da ciência, fazem emergir uma nova "visão de realidade" que contempla o lento avanço do pensamento humano ao longo das eras. Afinal, somos racionais: seres que antes de crer cega e fanaticamente em algo, deveríamos procurar, estudar, pesquisar e compreender, como tantos luminares do progresso humano têm advertido.

Os livros que produzi tratam dessa nova cosmovisão questionando as "verdades eternas" que os seres humanos colecionaram na visão de mundo que construíram ao longo da sua penosa evolução. Acostumamo-nos a tomar como real e natural verdadeiros absurdos que em nada contribuíram para o progresso planetário. Perdidos em guerras religiosas e proselitismos de todos os tipos, estacionamos de tal modo que os valores vigentes e infantis do passado foram entronizados como "sagrados" e em nome desses, verdadeiras barbáries foram e são até hoje cometidas. A questão que se impõe para quem pensa é: quantas dessas "certezas do passado" ainda existirão daqui a alguns poucos séculos ou mesmo décadas?

Há uma nova cosmovisão emergente que marcará, dentre em breve, um divisor de águas entre o que se pensava antes e depois que a Revelação Cósmica fincar os seus alicerces, colaborando na evolução da capacidade humana de melhor compreender o nível de conhecimento e de esclarecimento que supõe possuir sobre as coisas e a realidade que a envolve.

Os livros que procuro produzir representam o marco inicial desse processo que convidará a todos, mais cedo ou mais tarde, a sair da zona de conforto da fé fácil e estéril, para o esforço da compreensão esclarecida.

2. OS ESTUDOS DESENVOLVIDOS EM SEUS INSTITUTOS APRESENTAM UMA CONVERGÊNCIA ENTRE CIÊNCIA, FILOSOFIA E ESPIRITUALIDADE. QUAL A IMPORTÂNCIA DESTA CONVERGÊNCIA?

Compomos uma humanidade, tida como racional, cujas gerações jamais puderam ter qualquer padrão de educação científica, filosófica, ambiental, sendo sempre as elites a parcela da população mundial que consegue ter acesso a essas questões. Ainda assim, nem mesmo estas costumam fugir do minimalismo no campo do conhecimento associado a um diploma universitário ou outro título qualquer. Todas as parcelas, porém, tomam-se como sendo profundamente educadas no campo da religiosidade, mas se perdem nos ritos fáceis de troca de favores com deus, transformam Jesus em escravo dos seus pedidos e do comercio do pedágio e aqui a espiritualidade pessoal inexiste ou é confundida com a fé fácil e simplória.

Os livros que escrevo criticam de modo contundente como

o esforço heroico de Jesus, de Sidarta Gautama (o Buda), dentre outros, cujos legados filosóficos e espirituais são efetivamente ímpares em termos de beleza e de nobreza moral, tornaram-se em religiões fáceis e simplórias quando jamais foram essas as propostas dos seus formuladores.

Devido a esse quadro infantilizado, infelizmente constante no modo como as principais religiões mundiais são praticadas, dificilmente penso não será possível tão cedo uma convergência honrosa e produtiva entre essas três áreas do conhecimento que tanto importam à dignidade humana.

Como registrei em um dos livros que até o momento produzi, cujo título é "Reintegração Cósmica", quando em breve, nós, os terráqueos, sairmos desse isolamento que envolve o nosso mundo há tanto tempo, frente à retomada do processo do intercâmbio cósmico que o próprio avanço da ciência já vislumbra, as futuras gerações terrestres poderão e mesmo deverão edificar uma vida planetária dignificada e alicerçada no bom uso que a racionalidade e a sabedoria humanas puderem construir associados aos postulados progressistas dessas três áreas.

3. DIANTE DA NOVA REALIDADE QUE SUAS OBRAS LITERÁRIAS APONTAM, A HUMANIDADE ATUAL ESTÁ MADURA O SUFICIENTE PARA ENCONTRAR O CAMINHO DO AUTOCONHECIMENTO?

Sóren Kieerkgard, filósofo dinamarquês, afirmou, com certo grau de ironia, que o ser humano costuma se equivocar de duas maneiras: uma, acreditando no que não é verdade, e de outra, deixando de acreditar no que realmente é real e verdadeiro.

A raça humana foi condicionada a levar a sua vida adiante por meio da fé, da crença, e assim facilmente tem construído valores tomados como verdade absolutas, o que a impede de buscar o autoconhecimento como também alargar a percepção sobre outros tantos painéis importantes da vida.

O infantilismo espiritual marca a conduta humana o que leva as pessoas a não encontrarem disposição psíquica para lidar com os aspectos mais profundos da existência. A busca do autoconhecimento é uma disciplina que se situa nesse contexto. As elites religiosas não têm interesse em que seus fiéis, por eles mesmos, evoluam no sentido vertical da espiritualização adulta. Infelizmente, preferem manter todos os fiéis como prisioneiros dos seus circuitos.

4. QUAL A IMPORTÂNCIA PARA NÓS, SERES HUMANOS, DO ENTENDIMENTO DE QUE NA VERDADE CONSTITUÍMOS UMA ÚNICA FAMÍLIA PLANETÁRIA? ESTE CONCEITO, QUE ULTRAPASSA QUESTÕES DE RAÇAS, CREDOS E NACIONALIDADES, O QUE SIGNIFICA EXATAMENTE?

A consciência sobre a função da cidadania planetária que deveria povoar o psiquismo de cada pessoa esclarecida deste mundo é talvez o único "norte filosófico" a ser perseguido pelas gerações do futuro como forma de salvar a nossa casa planetária e dignificar a vida humana.

Desde que lá, na mais antiga tradição das raízes religiosas, existe um pretenso deus que, devido ao hábito de escolher povos — a saber, os hebreus, depois os arianos, voltou para os judeus e após certo tempo elegeu os árabes — terminou por semear na cultura de todos uma intolerância e um sentimento de exclusividade absolutamente inaceitáveis. Hoje, as questões históricas por trás da gênese do judaísmo, do cristianismo, do islamismo e de seus desdobramentos, respondem quase que pela totalidade das guerras regionais ocorridas ao longo da história. Tudo isso porque o fundamentalismo exacerbado dos que se acham eleitos por deus, o nacionalismo que tão somente camufla as faces da insensatez, da corrupção e da estupidez clinicamente assim definida dos líderes mundiais das últimas décadas, promovem conflitos além de não conseguirem superar os naturais confrontos e disputas da geopolítica mundial.

Num contexto como este, dificilmente a noção de cidadania planetária poderá emergir, apesar da luta de uns poucos entre os quais me incluo. No final de cada um dos 38 livros até hoje lançados encontra-se o "Manifesto Orbum da Cidadania Planetária", como forma de convidar o leitor à reflexão sobre o tema.

O analfabetismo político, religioso, filosófico e ambiental estão prestes a provocar um choque de realidade talvez como forma de despertar o ser humano para um redimensionamento na maneira como ele vive na atualidade. O *homo consumus, o homo religiosus, o homo nervosus, o homo corruptus* — pois são estas as faces das quais se travestem o rosto humano na sua atual expressão "cara de pau" para justificar as suas mentiras e hipocrisias de cada momento, tem que ceder lugar a um tipo de ser humano sensato, decente, honesto frente ao seu código de princípios e de propósitos perante a vida.

O ativismo da cidadania planetária deveria ser o primeiro passo nesse sentido!

5. QUAL O LUGAR DO HOMEM NO UNIVERSO?

Seguramente não somos esses pecadores apontados pelo credo judaico-cristão, por temor sido criados e destinados para sabe-se lá o quê, e o nosso pecado reside no fato da nossa mãe Eva não ter aceitado tal coisa e resolveu dar um curso diferente do anteriormente pretendido. Como ela foi influenciada pela serpente, tida como o diabo, todos os que nasceram após isso são considerados "filhos do pecado" e do diabo, precisando que elites religiosas resolvam esse problema pelos pecadores. Ora, convenhamos!

Se alguém desejava promover uma "lavagem cerebral" nos

nossos desavisados ancestrais, implementando o temor a deus como o motor que levaria todos a aceitar a dominação psíquica por parte das religiões como forma de sair do grupo dos filhos do diabo para o dos filhos de deus, efetivamente o fez com bastante eficácia. Somos todos hoje filhos da estupidez esquecidos que reside na própria capacidade humana o ato de amor, de sorrir, de perdoar, de sonhar, de distinguir o bem e a ternura, de eleger a elegância moral e a civilidade como forma de interação entre os irmãos e irmãs da raça humana, enfim, de estabelecer o próprio código de conduta filosófica como lei maior de sociabilidade. Mas o que fizeram as religiões? O contrário disso! Criaram pecadores angustiados, tementes, aterrorizados por que podem ser castigados por deus a qualquer hora, obrigaram as pessoas a ter uma fé simplória, pouco refletida, sem questionamentos, transformaram deus e Jesus em comerciantes baratos do toma lá dá cá, viciaram todos os seus fiéis em se tornarem pedintes profissionais e crentes em cujas lentes cabe todo tipo de crendice barata. O pior: acostumaram as pessoas a transferirem para pretensas autoridades religiosas, responsabilidades que lhes são próprias! Até onde isso vai se perpetuar?

As pessoas que vivem seriamente as suas religiões sofrem bastante com esse estado de coisas porque o choque de realidade que as gerações futuras irão inevitavelmente promover nas religiões poderá ser trágico se esse minimalismo não for superado por alguma sensatez, como muito tem se esforçado, por exemplo, o inigualável papa Francisco na sua luta pela renovação no âmbito do catolicismo. Mas, quem o apoia?

O ser humano talvez seja o artífice de algo muito maior do que hoje podemos imaginar e sobre esse aspecto tenho me esforçado bastante na abordagem dessa questão nos livros que publiquei.

Se somos capazes de nos comportarmos de modo monstruoso, mas também de agir ancorados em uma conduta superior e marcar os elétrons da nossa casa universal com as melhores e mais sofisticadas informações, talvez aqui resida a delicada e importantíssima destinação da humanidade, ainda desconhecida até mesmo pelas religiões e pelos padrões científicos atuais, que seria a de contribuir decisivamente para a emergência de uma mente universal, como apontam alguns dos mais vanguardistas no campo da ciência.

O livro "A Rebelião dos Elétrons e o Código da Vida do Criador" recentemente lançado, aborda de modo inusitado essa questão.

Concluindo, não penso que seja a presente geração de humanos a perceber a sua destinação como membros de uma comunidade sideral que se prepara para executar a sinfonia universal capaz de levar o universo em que vivemos — e alhures — a um rumo seguro e pacificado. Pertencerá às gerações futuras a construção dessa urgente percepção quanto à função dos terráqueos no concerto da vida universal. Mas por enquanto, apequenado como o ser humano se encontra, sequer ele sabe que essa música existe.

Precisamos evoluir da mentalidade religiosa infantilizada na qual milenarmente nos encontramos estacionados para uma outra espiritualizada e esclarecida. Mãos à obra!

Revista Acontece
Agosto de 2019

GUIA E ROTEIRO DE LEITURA DOS LIVROS

Alguns membros do IEEA têm solicitado uma espécie de "roteiro de leitura" que possa facilitar o entendimento de quem chega ao site do instituto e não sabe por onde começar. Além disso, uma contextualização em torno da qual a produção de cada livro pudesse ser minimamente explicada, dizem também os amigos, seria muito interessante.

Aqui está, portanto, uma sugestão de roteiro de leitura que, espero, possa ser útil aos que buscam.

LIVROS PUBLICADOS ENTRE 1996 e 2000 — ETAPA I.

Sob à perspectiva dos livros, grande parte do que foi produzido entre os anos 1990 e 1996, jamais foi publicado e outra me vi obrigado a transformar em palestras, seminários e cursos, por antever a impossibilidade de escrevê-los. Dessa leva, cujo tema central das ideias naquele momento transmitidas pelos mentores, era o final do isolamento da Terra com a consequente retomada do intercâmbio cósmico com civilizações extraterrestres, que teria como marco histórico-político o retorno do Mestre Jesus, os livros publicados foram os seguintes:

A trilogia **"Queda e Ascensão Espiritual"**.

Reintegração Cósmica.
Caminhos Espirituais.
Carma e Compromisso.

Essa trilogia introduziu, também, uma **abordagem superficial sobre a rebelião de Lúcifer** — a profunda viria depois — situada no contexto de várias famílias capelinas exiladas para a Terra, como produto do problema luciferiano.

Outros **temas da trilogia:** (1) a relação entre Jesus e Lúcifer; (2) a queda dos anjos e os papéis de Lúcifer e de Satã; (3) os painéis extraterrestre e espiritual envolvendo a vida na Terra; (4) a conexão dos desdobramentos da rebelião com a formação da humanidade terrena; (5) a reencarnação como processo básico da continuidade cósmica; (6) a relação entre os ex-rebeldes e alguns dos atuais membros do Grupo Atlan, como modo de situar o contexto humano frente à questão cósmica; dentre outros.

Muito Além do Horizonte. Apresenta um contexto espiritual da conexão entre os espíritos de Ramatis, de Rochester e de Allan Kardec ao longo desses últimos 2.500 anos, revelando o plano de fundo da codificação espírita, a escolha de Allan Kardec para edifica-la e revelações diversas sobre painéis que envolvem a equipe do Espírito da Verdade ainda desconhecidos.

Recado Cósmico. Apresenta o recado que Jesus nos deixou em seus cinco principais ensinamentos e fatos nunca antes revelados por João Evangelista no primeiro século da era cristã.

Esses livros apresentam a compreensão básica dessa primeira etapa. Os demais dessa mesma etapa, citados a seguir, podem ser lidos de modo independente:

O Sorriso do Mestre. Os espíritos de um tio de Jesus, Cleofas e seu pai, José, relata fatos desconhecidos da vida de Jesus: suas viagens quando jovem e como ocorreu a escolha dos apóstolos, revelando sua maior marca de amor: o sorriso.

O Testamento de Jesus. Abordagem nova das bem-aventuranças anunciadas por Jesus no Sermão da Montanha, revelando painéis do seu testamento para a humanidade.

Nos Céus da Grécia. Diálogo entre os filósofos gregos Sócrates, Platão e Aristóteles atualizando ensinamentos do passado e abordando temas como a cidadania planetária e cósmica, o universalismo e as práticas politicas contemporâneas.

Nos Bastidores da Luz I, II e III. Mensagens recebidas nas reuniões do Grupo Atlan e que bordam temas como: (volume 1) mecanismos cármicos, funcionamento do psiquismo humano, auto aperfeiçoamento e reforma íntima, transição planetária, genética espiritual e os exilados siderais que atualmente vivem no planeta; (volume 2) o império atlante, consequências do suicídio, Jesus e Sai Baba, Ovnis, vidas paralelas, cidades astrais e espirituais, fraternidade branca e a origem do homem, dentre outros.

LIVROS PUBLICADOS ENTRE 2001 e 2006 - ETAPA II.

Aqui, também, dos livros que foram produzidos no período, somente uns poucos foram publicados. Seres extraterrestres e extrafísicos, como também mentores espirituais, foram as inteligências por trás dos seguintes livros que podem ser lidos separadamente porque possuem contextos particulares:

Jesus e o Enigma da Transfiguração. O real significado da transfiguração de Jesus e os fatos do período final da sua vida, trazidos pela narrativa de Tiago, Elias e Moisés.

Fator Extraterrestre. Apresenta evidencias de diversos fatores extraterrestres como sendo a única explicação possível para muitos acontecimentos ocorridos desde o princípio dos tempos e que até hoje são tidos como lendas.

A Sétima Trombeta do Apocalipse: A Volta de Jesus. Panorama inédito do Apocalipse de João esclarecendo a origem e o porquê do Livro Apocalipse, os fatores que levaram Jesus a nascer na Terra, o segundo advento do Cristo e o significado do Juízo Final a da atual transição planetária.

Jesus e o Druida da Montanha. Narra fatos da desconhecida juventude de Jesus, sua amizade com José de Arimatéia e com seu irmão Thiago.

Crônicas de um Novo Tempo. Reflexões diversas sobre temas passados, presentes e futuros.

Inquisição Poética. O livro narra a experiência pós-morte do poeta Yohan e leva à percepção das diferenças e semelhanças entre a vida na Terra e a vida numa dimensão diferente da nossa: o céu dos poetas.

Teia do Tempo. Narra o encontro de um aprendiz com seu professor de física e a construção de uma forte amizade, mostrando que ela é maior que o tempo, as filosofias, as religiões, as fronteiras geográficas e, principalmente, ao aspecto de um ser espiritualista e o outro um cientista. Foi produzido em conjunto com o astrônomo José Renan de Medeiros.

LIVROS PUBLICADOS A PARTIR DE 2007 - REVELAÇÃO CÓSMICA - ETAPA III.

Doravante será necessário dividir os livros publicados até o momento em pelo menos quatro grupos distintos:

GRUPO 1 – CONTEXTO DEMO COM FOCO NAS FIGURAS DE BRAHMA, VISHNU E SHIVA E DAS DIVERSAS EXPRESSÕES AVATÁRICAS TRIMURTIANAS.

O Drama Cósmico de Javé. Revela a história da criação deste universo e de seu criador marcando o início dos capítulos da Revelação Cósmica.

O Drama Espiritual de Javé. Continua a apresentação da história da criação e do criador, agora sob a ótica espiritual, revelando a queda do arquiteto universal, as providencias da Espiritualidade Maior para auxiliá-lo a resolver o problema, a criação do homem e a contribuição deste no psiquismo do criador.

O Drama Terreno de Javé. Apresenta as Eras da Criação Universal e como a repercussão do processo veio a se estabelecer na formação da natureza planetária, ressaltando as lacunas enigmáticas nela existentes e que até hoje permanecem sem explicações cientificas convincentes.

Favor Divino. Por que a vida terrena foi gerada? Qual a sua função? O que se encontra por trás do adestramento que o ser humano sofreu para adorar a um deus-criador? Devemos venerar alguma entidade transcendente? Quem?

Chegou o momento para que, ainda que com passos hesitantes, possamos descortinar os aspectos da verdade que se encontram encobertos pelos véus que nos foram impostos por fatos até agora desconhecidos.

Afinal, existem favores divinos? E se tudo for ao contrário do que fomos acostumados a pensar?

Cartas a Javé. Perguntas que os seres humanos esclarecidos quanto ao problema da criação universal imperfeita e problemática, gostariam de endereçar ao criador e que, de modo surpreendente, o próprio resolveu responder a algumas cartas que alguém colecionara como simples reflexões sobre o tema.

Eis que a pedido do destinatário, as cartas produzidas por Mônica Camargo, após a leitura dos três livros que compõem "os dramas cósmico, espiritual e terreno de Javé", foram respondidas e transformadas no presente livro.

O Big Data do Criador. Imagine um ser-criador que resolve elaborar um jogo em que o controle efetivo das partes lhe permite a dominação do todo e por isso cada parte precisa ser monitorada sem margem para surpresas.

Apesar do roteiro pré-estabelecido, peças se particularizam, adquirem personalidades distintas, livres de qualquer jugo automático, e somente resta ao criador a opção de reconquistar essas individualidades por meio de um supercontrole religioso, estabelecido no temor, para ver se lhe será possível ainda controlá-las.

Esse é o plano de fundo mental-operacional do jogo que acontece por trás do tipo de vida que levamos na Terra e dele sequer temos consciência.

O Big Data do Criador revela o que antes se encontrava oculto no "livro da vida", referenciado no Apocalipse. É leitura para adultos!

Memórias de Javé. Registros das tentativas de reflexão conjunta propostas pelo criador bíblico, sempre no sentido de reafirmar a sua tentativa de convencimento em torno do cumprimento dos seus desígnios para as criaturas terrestres.

Inquisição Filosófica. Relato incomum de encontros havidos em ambiente paralelo ao terreno, envolvendo o criador, num primeiro momento, e depois acrescido da participação dos demais membros da *Trimurti*, no trato de temas instigantes em torno do pretenso domínio que seres tidos como mitológicos, sempre exerceram sobre a humanidade — uma simples porém crucial experiência biológica — até que a mesma fugiu ao controle dos seus criadores.

Inquisição Trimurtiana – Tempo de Apostasia. Narrativa de um impensável debate entre os Senhores da *Trimurti* — Brahma, Vishnu e Shiva — em torno da falência da política por eles praticada desde o início dos tempos da criação universal, cujo final aponta para a mais singular ocorrência já acontecida entre os seres que residem nesse ambiente paralelo do qual procuram acompanhar tudo o que se passou e se passa no nosso universo biológico.

O Dharma e as Castas Hindus. O que sempre esteve por trás das castas hindus e a humanidade nunca soube? Qual o significado real do Dharma?

Por que será que na Terra existe uma multidão de miseráveis e somente uns poucos nascem com possibilidade de dar um bom curso as suas vidas?

Este livro responde a essas questões, dentre outras jamais

abordadas na cultura humana, e apresenta um inquietante mecanismo psíquico que sempre pretendeu impedir o ser humano de se inconformar perante o absurdo de alguns painéis da existência.

Mitologia, religião, espiritualidade, filosofia, história e cosmologia se encontram numa abordagem ímpar, que ultrapassa os limites do trivial em torno da imoralidade que é a situação de um ser humano que, por força do seu nascimento se vê obrigado a ser o que a tradição religiosa impõe.

GRUPO 2 – ASSUNTOS MITOLÓGICOS E TEMÁTICA EXTRATERRESTRE VINCULADA AO PROJETO TALM QUE "TRANSPLANTOU A VIDA" DO CONTEXTO DEMO (UNIVERSO PARALELO COMPOSTO DE ANTIMATÉRIA) PARA O UNIVERSO BIOLÓGICO MATERIAL ONDE VIVEMOS.

O Sorriso de Pandora. A história de um ser que, na sua origem nada tinha de humano, e que surgiu para um novo tipo de vida quando de uma intriga entre Zeus e Prometeu, que havia engendrado os primeiros homens, num tempo em que as mulheres ainda não existiam.

É sobre a sua vida acontecida em tempos imemoriais que o seu legado de "demônio feito mulher" e de progenitora da humanidade agora se faz apresentar pela própria voz da sua estranha personalidade.

Resgata-se assim uma história antes perdida nas brumas de um passado esquisito e perverso, que agora é revelada aos seus descendentes.

O Guardião do Éden. O que ainda é ficção para muitos, neste livro, um ser que é exemplo de uma Inteligência Artificial Autônoma, relata páginas do passado bíblico por ter sido testemunha circunstancial de alguns daqueles eventos.

Anjo-clone da hierarquia, foi ordenado pelo criador universal a permanecer como guardião planetário desde há muitos milênios, o que o levou a se afeiçoar à espécie cujo processo histórico observava, conforme a ordem recebida, o que lhe obrigou a acompanhar de perto os seus episódios mais marcantes, desde os tempos do "Jardim do Éden".

Viu Jesus ser crucificado enquanto percebeu a contenda entre o criador e aquele que era respeitado entre todos da hierarquia e que se fizera humano exatamente para cumprir com o que estava estabelecido entre os dois. Registrou, assim, os fatos, mas jamais os valorizou com o padrão da nossa lógica, até porque a que lhe marca o psiquismo é absolutamente diferente do que a que caracteriza a natureza humana.

Nos tempos atuais, já tendo absorvido um pouco do "modo de ser terráqueo", ele se esforça por traduzir no seu comportamento as mensagens de retorno que a cada momento precisa enviar para os que compõem a retaguarda da hierarquia em torno do criador.

Como todos os demais, aguarda o desfecho da "contenda trimurtiana", que definirá — o que já se encontra em curso de definição — os termos do prometido retorno de Jesus.

Terra Atlantis – O Sinal de Land's End. Primeiro livro da trilogia Terra Atlantis que resgata as páginas esquecidas da Rebelião de Lúcifer, como também a relação deste com a figura de Sophia, o Cristo Cósmico, que mais tarde se faria homem sob à personalidade de Jesus.

Relata a chegada ao planeta dos rebeldes, conhecidos nas tradições do passado como anjos decaídos, e as interações destes seres com o enredo que já se desenrolava na Terra, naqueles dias em que o ser humano racional ainda estava por surgir.

Eram os tempos da formação do que viria a ser o futuro império atlante cuja lenda passou à posteridade, mas cuja história, que permanecia envolta em mistério, agora começa a ser revelada.

Frota Norte. Abordagem da saga dos biodemos capelinos — incluindo o quartel general da rebelião de Lúcifer — agora sediados na Terra e em realidades alternativas subjacentes ao planeta, atinge momentos dramáticos, sem que Sophia sinalize qualquer apoio. Os rebeldes, agrupados em Benem, passam a compor uma força-tarefa que, por milênios, foi denominada como sendo a Frota Norte, em torno da nave "espheron". Além dos "seres dos portais" (os chamados "deuses da mitologia grega"), os humanos passam a conviver com um "conglomerado de realidades" acoplado ao planeta.

A decadência passou a marcar todas as forças estabelecidas ao mesmo tempo em que os humanos começaram a imperar como os possíveis herdeiros da Terra. Enquanto todos se enfraqueciam, aquele que, mais tarde, seria conhecido como Satã, preservava a sua força, pois que a "era do seu domínio" ainda estava por começar.

Era Sapiens. Devido a cataclismos diversos, chegou ao fim a "cultura atlante e suas diversas bases", como também teve lugar o enfraquecimento das diversas forças extraterrestres e extrafísicas que procuravam dominar o planeta, o que levou a espécie humana a emergir como sendo a herdeira mais improvável do planeta, como terminou acontecendo. Len Mion e Yel Luzbel perseguem a vinda do Messias anunciado pela veia profética do povo hebreu ao mesmo tempo em que procuravam compreender se Jesus era o "conquistador" há muito anunciado.

Ocorre a crucificação, a saída de Yel Luzbel, dos ambientes em torno do planeta, o que faz com Len Mion assuma o comando do restante da rebelião, procurando atrapalhar de todas as maneiras, qualquer interesse que ele enxergasse ser de Sophia ou do "deus dos judeus".

Ao perceber em Hitler um antigo companheiro da condição biodemo, Len Mion domina a sua mente e o transforma em fantoche da sua intenção de construir na Terra a última trincheira do movimento rebelde para confrontar Sophia.s

GRUPO 3 – TEMAS COMPLEMENTARES.

Homo Sapiens: da Guerra ao Esporte. Será que existe uma força maior por trás do aparecimento da "molécula-mãe", no longínquo passado terrestre, com o código da vida já completamente delineado — da qual descendem todos os seres vivos — ou tudo foi obra do acaso?

O fato é que "algo" existe que guia o ritmo da evolução, entre acidentes e incidentes, nesta ou naquela direção, como se levando o mais novo produto da natureza planetária, a nossa espécie *homo sapiens*, a um presumível modelo.

Um dia guerreiro implacável, hoje atleta que vibra na vitória e aceita a derrota sem aniquilar o seu oponente, para onde será que o ser humano caminha?

São algumas das reflexões que se encontram presentes na instigante busca da compreensão do que move a espécie humana ao longo da sua penosa e enigmática estrada evolutiva.

GRUPO 4 – TEMAS AVANÇADOS.

A Rebelião dos Elétrons e o Código de Vida do Criador. Dentre as partículas fundamentais da matéria, apontadas pela Física, os elétrons têm uma característica incomum e pouco conhecida: a de hospedar, na sua "intimidade", as informações produzidas desde o "momento zero" da sua história que começou com o Big Bang.

Os psiquismos das diversas espécies da natureza universal, que nasceram programadas (as mais fortes, as predadoras) para liquidar outras formas de vida, para, assim, por meio da violência imperativa, manter a "sobrevivência dos mais fortes" como sendo a tônica da vida inclemente, têm sujado a "vida interior" desses agentes da informação cósmica.

Os elétrons parecem não ter premissa lógica – pelo menos por enquanto – para se perguntar sobre o porquê das coisas serem assim, mas, estranhamente, sobram indícios e evidências de que, algum tipo de premissa neles, não mais suporta acumular marcações de sofrimento e de outros naipes que enfeiam e criminalizam a existência.

Esse tema jamais foi abordado nos cânones da cultura humana, mas por "urgências e necessidades" ainda desconhecidas para a lógica planetária, tornou-se agora imperiosa a sua abordagem.

Essa é tão somente uma sugestão para aqueles que buscam compreender possíveis aspectos em torno de uma "verdade" que por muito tempo permaneceu oculta e, talvez por isso, o romantismo humano foi levado a pensar que encontrar painéis da verdade seria necessariamente sinônimo de regozijo, de satisfação e de conforto espiritual, quando não é bem assim.

Talvez, tenha sido exatamente por isso que no Shiva Samhita tenha sido afirmado que "a angústia estava presente por todo o universo", e que no Evangelho de Tomé, Jesus tenha enigmaticamente dito que, "aquele que busca a verdade, jamais a deixe de procurar. No entanto, ao encontrá-la, perturbar-se-á, para somente depois se equilibrar e poder, então, ser soberano sobre o processo da vida".

Nunca foi tão necessário nos recordarmos desse aspecto que invariavelmente acomete o psiquismo dos que ingerem a " pílula vermelha" que nos convida à maturidade emocional, aspecto primário da idade adulta espiritual.

A minha homenagem àqueles que jamais deixaram de buscar.

Jan Val Ellam

POR QUE O IEEA?

Instituto de Estudos Estratégicos e Alternativos

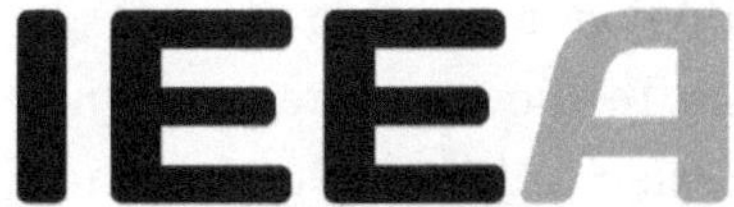

Por receio de ferir a suscetibilidade dos que acreditam ter encontrado a "verdade" no conforto das religiões, Jan Val Ellam criou o Instituto de Estudo Estratégicos e Alternativos – IEEA, para nele concentrar toda a sua extensa e inusitada obra de revelação, exposta em livros, palestras e cursos singulares.

Se você é um buscador dos mistérios da vida, das faces de uma verdade maior sempre por ser percebida além dos limites comuns à ingenuidade e às possibilidades de cada época, visite o IEEA e verifique por si mesmo se o que ali se encontra exposto, em abordagem crescente, não representa exatamente as "reflexões adultas" sobre os temas que sempre foram a razão principal daqueles que sempre buscaram um nível de compreensão superior sobre a vida e a realidade que a envolve.

É como se tudo o que se encontrava oculto fosse finalmente revelado.

Benefícios:

• Através de uma plataforma online você tem acesso a material exclusivo com conteúdo inédito de Jan Val Ellam.

• Assista vídeos de palestras não públicas

• Acesse o IEEA facilmente, do seu computador, leitura confortável também em tablets e smartphones.

LISTA DE ALGUMAS PALESTRAS:

- Buda: O Homen a Revolução e os Mistérios Budistas
- Análise da Trilogia Matrix
- Jainismo : A Revelação Esquecida
- A Falência da Religiosidade
- Os Anéis do Poder e os Portais
- DNA Homo Terráqueo : Interesse Universal
- As Duas Testemunhas do Purana e a Vinda de Kalki
- Mente, Cérebro e Consciência
- O Princípio do Despertar Espiritual
- Os Estranhos Desígnios de Javé : Aprofundamento
- Avatares X Spinoza e Nietzsche : O Jogo não acabou
- Reforma Íntima e o DNA II - Aprofundamento
- Javé e a Justiça Divina
- Você e a Espiritualidade
- Humanidade em Disputa: A Descendência De Pandora
- Talentos e Linhagens Espirituais
- Você e o Criador
- O Ser Humano: A Mais Enigmática Singularidade
- Pactos de Javé
- Religiosidade Afetada e Estacionamento Espiritual
- Favor Divino: Tempo de Ruptura

- As Quatro Faces de um Ser - Vishnu, Mohen So, Sophia e Jesus
- O DNA Helênico e o Quarto Logos
- Zeus e Prometeu: Parceria Impensável
- A Ressurreição do Criador
- A Face mais Enigmática do Ser Humano: O Daisen de Heidegger
- A Consciência Humana e os Conceitos Profundos
- O Gênero Adhydaiva e suas Espécies Demodharmicas
- A Geometria Sagrada e os Campos Morfogenéticos
- Mitologia Chinesa e a Destinação do Império do Centro
- Forças Invisíveis em Ação
- O Sonho dos Templários e seus Desdobramentos
- Revelações do Alto
- Fator Carma: O Sentido Gradual das Leis Morais
- Sophia e o Pêndulo Cósmico
- O Incompreendido Norte Divino: Mitologias Celta e Nórdica
- O Desvio de Rota de Pandora e o Quarto Logos Universal

Entre muitos outros fascinantes temas.

Saiba mais em:
www.janvalellam.org

MANIFESTO PROJETO ORBUM

"Declaração dos Princípios da Cidadania Planetária."

Exerça plenamente a sua nacionalidade, mas não esqueça: somos todos cidadãos planetários.

Por conseguinte, formamos uma só família ante o cosmos. É bom recordar que, para quem nos vê de fora, nada mais somos do que uma família vivendo em um berço planetário.

Se somos uma família, torna-se inconcebível a falta de indignação diante do estado de miséria – tanto material quanto espiritual – em que vive grande parcela dos irmãos e irmãs planetários.

Existe uma força política na sociedade que, quando estrategicamente direcionada, exerce em toda sua plenitude o direito e o dever de cobrar das forças estabelecidas o honroso cumprimento dos direitos humanos. Essa "força íntima" é pacífica porém ativa; suave na tolerância, jamais violenta, mas perene na exigência contínua de se construir a paz, a concórdia e a inadiável consciência quanto à necessidade de se melhorar as condições do nível de vida na Terra. Exercer essa força no cotidiano das nossas vidas, agindo localmente com a atenção voltada para o aspecto maior planetário, é dever de cada um e de todos.

Respeitar as forças políticas estabelecidas, os governos regionais e nacionais; valorizar as organizações representativas de caráter mundial – imprescindíveis para a evolução terrestre – mas, acima de tudo, pregar a necessária consciência da unidade planetária perante o cosmo.

Na verdade, somos todos cidadãos cósmicos no exercício eventual de uma cidadania planetária, como de resto o são todos os irmãos e irmãs espalhados pelas muitas moradas do Universo.

Porém, devido ao atual estágio de percepção que caracteriza a quem vive na Terra, buscar a consciência do exercício pleno da cidadania, seja em que nível for, é a grande meta a ser atingida.

Se você concorda com os princípios e objetivos da cidadania planetária, junte-se a nós em pensamento, intenção e atitudes. Assuma consigo mesmo o compromisso maior de construir na Terra esta utopia, que foi e é o objetivo de muitos que aqui vieram ensinar as noções do exercício pleno da cidadania cósmica, testemunhando o amor como postura básica e essencial na convivência entre os seres.

Propague esta idéia, em especial para as novas gerações.

Sonhe e trabalhe por um mundo melhor. E saiba que muitos estão fazendo exatamente o mesmo.

Esta é uma mensagem de fé e de esperança na vida e na nossa capacidade de dignificá-la cada vez mais.

Filie-se espiritualmente a esta idéia.
Jan Val Ellam

9 786586 157086